JN079641

スパルタ英会話

言いたい順に身につける「武器センテンス」1000

「スパルタ英会話」主宰
小茂鳥 雅史

CCCメディアハウス

Introduction

「スパルタ英会話」が目指すこと

はじめにお伝えしておきたいことが、こちらです。

英会話学習は英会話教室に通わなくても成功する!!

私は「スパルタ英会話」という英会話教室を運営しています。そんな私が言うのもヘンなのですが、学習法さえわかっていれば、英会話学習は確実にうまくいきます。英会話の学習法については、前著『スパルタ英会話　挫折せずに結果を出せる最速学習メソッド』(CCCメディアハウス) に、詳しく書きました。

では、なぜ、多くの人は英会話学習に挫折するのでしょう? 《英会話》とは、読んで字のごとく「英語による会話」のことです。**「会話」の練習をせずに「英語による会話 (=英会話)」ができるようになるわけがありません。**

皆さんは、中学・高校と、《英語の学習》をしてきました。しかし、《英会話の学習》はちゃんとしていなかったのです。さらに言えば、せっかく英会話ができるようになっても、会話をしなければ宝の持ち腐れです。コミュニケーションツールを身につけても、自分の目的を果たせないと意味がないのです。母国語でも同じですよね。「友達になるために、共通の趣味について話す」「恋人になりたくて、愛を伝える」「売上をあげるために、営業トークをする」。まずは「友達になる」「恋人になる」「売上をあげる」といった目的があります。それを果たすためのツールが言語なのです。

本書は、「《目的を果たすための英会話》ができる」というゴールを目指します。そのための「武器」として、役立つセンテンス（英文）をひたすら手に入れていただきます。ナンバリングしていないものを含むとゆうに 1000 以上のセンテンスを紹介しています。

本書のコンセプト：英会話で《目的》を達成する

《目的を果たすための英会話》を《学習する》。そのためには、どうすればいいでしょうか？　２つの要素に分けて考えましょう。

① 目的を整理する
② 英会話学習をする

１つ目の「目的を整理する」についてです。いま、みなさんは英語で話すことで、どんな目的を果たしたいのでしょうか？　まずは、そこを明確にして欲しいのです。

本書では Chapter ごとに４つのセンテンス集を用意しました。

Chapter 3：Daily Sentence（日常のセンテンス）

Chapter 4： Business Sentence（ビジネスのセンテンス）
Chapter 5： Original Sentence（オリジナルのセンテンス）
Chapter 6： Grammar Review Sentence（文法復習のセンテンス）

それぞれのセンテンス集は、たとえば次のような目的を果たすうえで、役に立つはずです。

Daily Sentence（日常のセンテンス）

- □ 外国人と友達になる
- □ ビジネスでスモールトークをする
- □ 会食で会話をする
- □ 旅先で現地の人たちと交流する

Business Sentence（ビジネスのセンテンス）

- □ 外国人とビジネスをする
- □ 外国人の同僚・上司と円滑なコミュニケーションをとる
- □ 海外の取引先とハードな交渉をする
- □ 海外部署とのビデオ会議で発言をする
- □ 外国人の前でプレゼンをする

Original Sentence（オリジナルのセンテンス）

- □ 上記センテンス集に含まれていない目的を果たす
- □ 特殊な業界・業種・職種においてビジネス上の目的を果たす（例：医師として、患者に説明する／エンジニアとして、技術的な説明する）

Grammer Review Sentence（文法復習のセンテンス）

□ 中学・高校で習う文法の復習

本書では、**前から順に学習していく必要はありません。**自分の目的に合わせて、使えそうなセンテンス、自分にとって役に立ちそうなセンテンスを拾って覚えるようにしてください。

そして２つ目の「英会話学習をする」についてです。目的に合ったセンテンスをどのように学習すれば、《英会話の学習》となるのでしょうか。「《英会話力》が身につく４ステップ」（21ページ）をたどることです。４ステップは、「実践し、成功体験を積む」ことを最重要視したトレーニングです。Chapter 1で詳しく解説します。

大切なのは、実践によって成功体験を積むことです。英会話学習は、筋トレやスポーツとよく似ています。テニスコートの外で、どれだけ壁打ちをしていても「テニスが上手になった」という自信を持つことはできません。小さな大会や練習試合に出て、「練習した技術を実戦で使うことができた」という手応え（＝成功体験）を積み上げていくことが自信につながります。そして、《成功体験》があると、「よりうまくなりたい（上を目指したい）」というモチベーションが湧いてきます。**「やらされている……」という義務感ではなく、「やりたい！」というモチベーション**があれば、自分で改善しながら継続することも苦痛ではありません。成功体験を積むことが楽しみに変わると、進んでトレーニングをしたくなっていきます。

英会話における《成功体験》とは、英語でコミュニケーションをとることです。これ以外にありません。実際、TOEICで900点以上を取っても、英語を話すことができず、スパルタ英会話に入会する方は多くいらっしゃいます。

究極的には、「英語のセンテンスを覚えて使うこと」に《熱中》して欲しいのです。本書で紹介するセンテンスのなかから必要なものを1つひとつ覚えて、ぜひ実際に使ってみてください。

読者特典

せっかく覚えた英語のセンテンスをすぐに使っていただくために、いくつかの特典を用意しました。

特典1▶「スパルタ英会話」オンラインサロンへご招待

スパルタ英会話が主催しているオンラインサロンへ無料でご招待し、英語の学習方法をお伝えします。そこでは、参加者同士でレベルの進捗を共有したり、励まし合ったりして、交流することができます。

特典2▶「スパルタ英会話」のレッスンへご招待

本書のセンテンスをすべて覚えた方を、無料体験レッスンにご招待します。さらに、暗記力テストに合格した方には、「グループレッスン通い放題」の権利を2週間分プレゼントいたします（注：「スパルタ英会話」のスクールに通えない方は、オンラインで受講いただけます）。

特典3▶仲間とともにレベルを上げるオフ会へご招待

「スパルタ英会話」主催のオフ会へご招待します。参加者みんなで《英会話力》のレベルを上げるためのオフ会です。

詳しくは……

【無料体験】https://spartan-english.jp/trial/

spartan-english.jp

Contents

Chapter 3

Daily Sentence：日常のセンテンス

Chapter 4

Business Sentence：ビジネスのセンテンス

Chapter 5

Original Sentence：オリジナルのセンテンス

Chapter 6

Grammar Review Sentence：文法復習のセンテンス

Afterward

Chapter

1

Sparta Method

スパルタメソッド

◆ スパルタ英会話の学習メソッド

前著『スパルタ英会話　挫折せずに結果を出せる最速学習メソッド』では、「スパルタ英会話」の学習メソッドを大きく以下のように分けて説明しました。

1. 正しく目標設定する
2. 学習概念を変換する
3. 英会話学習を《習慣化》する
4. 徹底的にスピーキングを鍛える
5. カスタマイズして学習する
6. リスニングを活用する

本書はメソッドにしたがって、初・中級者に役立つセンテンスを揃えています。Chapter 1では、学習メソッドのうち絶対に外せない、1、2、4、5について詳しく説明します。3の習慣化が大切なのは言わずもがなです。また、6のリスニングはスピーキングとセットで活用すると大きな効果を生みます。3と6のメソッドや、1、2、4、5についても詳しく知りたい方は前著『スパルタ英会話　挫折せずに結果を出せる最速学習メソッド』をお読みください。

◆ 正しく目標設定する

正しい目標とは、それが具体的で適切な目標です。《英会話学習》では最初の目標設定を間違えてしまう人が多くいます。ここで間違えると、いつまでも英会話ができるようにはなりません。たとえば、次のような３つの失敗パターンがあります。

① 目標設定が「会話」に向かっていない

《英会話学習》の目的は、「自分の言いたいことが言えて、相手の言っていることがわかる」ようになることです。ここからずれた目標設定をすると失敗します。

TOEIC の点数を上げる

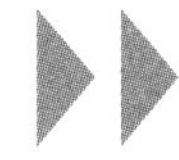

《英会話》という目的からずれている。

英会話学習を成功させるには、「英語で話す具体的な状況」をイメージすることが不可欠です。

② 「自分にとって《必要な英会話力》」のイメージがあいまい

「自分の言いたいことが言えて、相手の言っていることがわかる」ために、《必要な英会話力》が具体的にわかっていない状況です。

話せるようになる

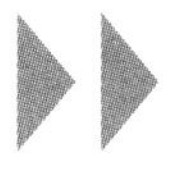

「話せる」で必要な《英会話力》を具体化できていない。

「英語を話せる」という定義は、人によって違います。「年にいちどの旅行で、レストランでのオーダーをスムーズにする」と「ビジネスでプレゼンをして、自社サービスを売る」は、どちらもその人にとっては「英語を話せる」ということです。「《自分にとっての『話せる』》

とは、何ができることなのか？」という問いの答えを明確にしなくてはなりません。以下の３つのステップがヒントになります。

【Step 1】自分が英語で話すシーンを映像で思い浮かべる（これができれば、英語が話せると実感できるシーン。英語では話せないが、日本語であれば話せるというシチュエーション）

【Step 2】そのシーンを日本語で説明する。（数字や固有名詞を使って具体的に。その説明で、第三者がStep 1のシーンを思い描けるくらい具体的に）

【Step 3】Step 2のために必要な英語力をあらいだす（単語力、文法力、リスニング力など）

③ 目標設定が「いまの自分の現実」に見合っていない

次にありがちな失敗が、非現実的な目標設定をしてしまう、ということです。たとえば「プロ野球選手になる」という目標が容易でないことはわかります。並々ならぬ、時間、努力、そして才能だって必要でしょう。同じことが英会話に言えないわけがありません。

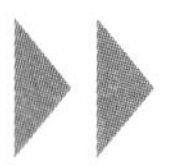

時間も努力も並たいていでは到達できないので挫折してしまう目標設定。

参考までに右ページの図を見てください。大学受験までの《英語学習》では、「文法を習得すること」や「単語を覚えること」が目標でした。その後、あなたの《英語学習》が止まっているのであれば、いまの状況は、レベル２〜レベル３の「なんとなく覚えている」という状態です。このレベルだと、文法を理解し、単語を知っているのに、「口からは出てこない（表現できない）」ことが多いでしょう。「文法を習得すること」や「単語を覚えること」という目標設定をしても「《英会話》はできない」というのは、こういうことです。目標設定の間違いの１つのパターンです。

かと言って、レベル６のネイティブ並みの英語力を目指すのは効率が悪すぎます。そうではなく、**現実的な範囲で、かつ「英会話ができた」という達成感を得られる目標を設定する**ことです。「覚えたセンテンスを使い、言いたいことが相手に伝わった」という実感（＝成功体験）をたくさん得るようにしていきましょう。そこで、皆さんには、レベル４の**「伝えたいことを表現できるレベル」を目指していただきたい**と思っています。

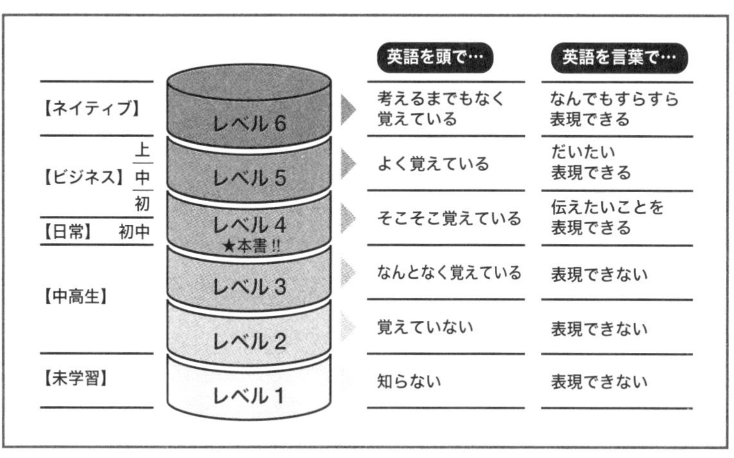

◆ 学習概念を変換する：「話せる」までの３つのフェーズ

なぜ、中学・高校の英語の授業で、話せるようにならないのでしょうか？　理由はシンプルです。「話せるようになるまでの段階を、最後まで踏んでいないから」です。第二言語を習得するには、３つの段階（フェーズ）があります。

■第１フェーズ：インプット（＝知識として蓄える）

「book」という英単語を耳にすると（あるいは目にすると）、わたしたちは「本」を想像することができます。すでに知識として「book＝本」だと知っているからです。でも、タイ語に全然なじみがない人が、「หนังสือ」という文字を見ても、「本」は思い浮かびません。**人は「知らない言葉は理解できない」**ので、学習はここからスタートします。それが「本」であると知る段階です。

■第２フェーズ：アウトプット（＝声に出して練習する）

「book＝本」であると知って、その単語を読んだり、聞いたりすると、「本」をイメージすることができます。でも、それだけでは話せません。声に出してトレーニングをするフェーズに移ります。たとえば、「I am interested in that book.」とくり返し声に出すことで、「book」という語を会話として使えるようになります。英語を話すときは、日本語を話すときと使う口の筋肉が全く違います。連続して声に出すことで、これを鍛えることができます。

■第 3 フェーズ：**プラクティス（＝実践する）**

「50 メートル泳げますか？」と聞かれて、「はい、泳げます」と答えられる人の共通点はなんでしょうか？　答えは「50 メートル泳いだ経験がある」です。では、「英語を話せますか？」と聞かれて「はい、話せます」と言えるようになるためには、どうすればいいのでしょうか？　答えは、**「英語を話した経験を積み上げること」**です。シンプルですが、これを理解している人は、実は少ないのです。声に出して練習したあとは、実際にコミュニケーションで使って、《成功体験》を得ることが重要です。

中高の英語教育では、第 1 フェーズに時間を使います。その先の第 2、第 3 フェーズまで進まないのです。しかし、第 2、第 3 フェーズにこそ、トレーニングの時間を費やすべきです。**練習と実践をくり返し、《小さな成功体験》をたくさん積み上げていく**ことが、英語を話せるようになるための理にかなった方法です。練習を積むほど、自分が話せる範囲が広くなっていき、それはやがて「英語が話せる」という自信につながるでしょう。

◆ 徹底的にスピーキングを鍛える：《英会話力》が身につく 4 ステップ ――――

言いたいことが言えて、相手の言っていることがわかる。――そうなるには、スピーキングのトレーニング方法を知りましょう。**《英会話学習》でいちばん大切なのは「スピーキング」です。**私は英語がまったくできない状態で、外資系金融企業に入社しました。相手が言っていることがわからなかったので、何を言われても自分のことだけを話していました。相手にすれば、まったく噛み合わない応えが返ってくるので、最初は戸惑ったことでしょう。しかし、少なくとも、相手は私が言っていることを理解できる。だから、自ずと、こちらのペースに合わせてくれるようになりました。極端ですが、どんなかたちであれ、こちらの要望を伝えることができれば、あとは意外となんとかなる、という例でした。

実践で会話をするためには、たくさんのセンテンスが身にしみついていることが大事です。次の４ステップで、センテンスがいつでも口から出てくるレベルにまで、自分のものにしてしまうことを目指します。

【Step 1】１日のなかで《10回×3セット》を声に出す。
（＝短期記憶化）
【Step 2】１週間くり返し声に出す（＝長期記憶化）
【Step 3】単語を置き換えて声に出す（＝応用）
【Step 4】実践で使い口グセにする（＝定着）

■ Step 1：１日のなかで《10回×3セット》を声に出す（＝短期記憶化）

記憶には、「ワーキングメモリー」「短期記憶」「長期記憶」の３段階があります。脳は少しだけ触れた情報（ちょっと目に留まったポスターや、偶然流れてきた曲）を「ワーキングメモリー」という、記憶の貯蔵庫にいったんストックします。ここにある情報はすぐに忘れます。しかし、同じ情報に10秒以上連続して触れていると、その情報は「短期記憶化」します。

そこでまずは、1つのセンテンス（情報）を《10回》連続して、声に出し、同じ情報に10秒以上触れるのです。とはいえ、「短期記憶化」した情報は、時間とともに忘れてしまいます。20分後には、情報の約半分を忘れてしまいます（エビングハウスの忘却曲線）。そこで「1日のなかで《10回×3セット》を声に出す」ようにします。「短期記憶化」をくり返して、「長期記憶化」につなげていこうとするわけです。

この際、センテンスの数をいちどにたくさんこなそうとするのではなく、「ちゃんと覚えた」というセンテンスを1つずつ増やすことが大切です。なお、学習を続けていると、相性の悪いセンテンスが出てきます。「10回声に出しただけでは、スムーズに口から出てこない」というときは、20回でも30回でも、スムーズになるまでくり返します。

■ Step 2：1週間くり返し声に出す（＝長期記憶化）

「短期記憶化」したセンテンスを徐々に「長期記憶化」するため、1週間くり返して練習します。定着の度合いで、「初日＝10回×3セット」→「2日目＝5回×2セット」→「3日目＝3回×2セット」「4～7日目＝1回×1セット」というイメージです。そして、長期記憶化の仕上げに、1ヶ月後、2ヶ月後、3ヶ月後にも復習します。

■ Step 3：単語を置き換えて声に出す（＝応用）

センテンスが定着したら、それを場面に合わせて使えるようにしていきます。暗記だけで終わらず、日常で使えるようにします。

たとえば「I am interested in that movie.」というセンテンスに出てくる熟語を「be interested in~ ／〜に興味がある」と覚えました。しかし、このように覚えてしまうと、「inの後には何が入るのだろう？」「beってどう変化するんだっけ？」などと、いちいち考えながら話すことになります。そこで、**センテンスに含まれる単語を置き換えるトレーニング**をします。

私たちは日本語でも同じことをしています。「私はあの映画に興味がある」というセンテンスを、「彼はあの映画に興味がある」と、主語を変えたり、「私はあの映画に興味があった」と時制を変えたり、「私はあの映画に興味がない」と否定したり、「私はあの本に興味がある」と目的語を変えたりして、豊かな会話をしています。

元のセンテンスの単語を置き換えて進化させたものを声に出して練習します。そうすると、自然にいろいろなセンテンスに変化させることができるようになります。

例：【基本】I am interested in that movie. →【置き換え】He is interested in that movie. / You are interested in that movie. / I am interested in that book. / I am interested in that tea. / He is interested in reading books. / She is interested in delicious candy.

■ Step 4： 実践で使い口グセにする（＝定着）

最後のステップは「実際に人との会話で使う」です。想定していなかった、その時々の**場面で使わないことには、ほんとうの意味でそのセンテンスを使えるようになったとは言いません。《知っている》と《話せる》には大きな違いがあります。**意識せずとも出てくる「口グセ」のようにするのが仕上げです。

とはいえ、突然、英語で話す機会が訪れたら、焦ってしまい、間違いもするでしょう。しかし、間違いは無駄ではありません。**少なくとも、「学習したから自分の間違いに気づける」のです。間違えたら、恥ずかしがらずに言い直してみればいいのです。**あなたが英語のネイティブでないことは相手もわかっています。

また、その日、英語で話す機会があるとわかっているならば、口グセにしたいセンテンスを５つ決め、意図的に使ってみることをお勧めします。英会話教室やサークルに通っている人は試しやすい方法です。

◆ カスタマイズして学習する

では、**どんなセンテンスを学ぶべきか？　それは、《自分が確実に使うセンテンス》です。使う頻度の高い順にセンテンスを覚えたほうが効率がいい**からです。

看護師として海外で働きたい人が、服を売る接客で使うセンテンスを覚えても、無駄とは言いませんが、効率がよくありません。「頭痛がする」「熱がある」など、病院でよく使うセンテンスを覚えたほうが即効性があります。

本書でも Chapter 3 以降は 1000 以上のセンテンスを紹介しています。選んだのは「誰もが使う可能性の高そうなセンテンス」で、汎用性が高いものです。なぜなら、それが本書の趣旨（目的）だからです。スピーキングの４ステップのステップ３の要領で、**センテンスを覚えるときには単語を置き換え、「自分用にカスタマイズしたセンテンス」も覚える**ようにしましょう。

カスタマイズしたオリジナルセンテンスはノートでも、スマートフォンでも、どんどん書き溜めておきます。暗記ばかりで本当に話せるようになるのかと、思うかもしれません。ちゃんと、話せるようになります。自分に必要なシチュエーションを想定して日本語で台本をつくって、翻訳会社に依頼し、自分だけのためにカスタマイズされた英文テキスト集をつくるのだってありです。

◆ 英語学習に終わりはない

いよいよ最後になりましたが、残念なお知らせが１つ。

英語学習に終わりはありません。

このことを忘れないでください。一生懸命学習して、できなかったことができるようになっても、また違った部分が気になりはじめる。そうして、自分は英語ができないと思い込んでしまう。そんな人がいますが、それは違います。うまく学習できていないのではありません。できることは１つずつ確実に増えているのです。**「英語が完璧に話せるようになることは一生ない」と割り切る**ことです。

Chapter 1では「スパルタ英会話」での学習方法「スパルタメソッド」をごく簡単に説明しました。詳しくは前著『スパルタ英会話　挫折せずに結果を出せる最速学習メソッド』を参考にしてください。

どんな学習も続けることが大切です。英語でマンガを読む、英語でニュースを聴く、単語を覚える……。「スパルタメソッド」でなくとも、**究極的には、どんな方法でも英語に触れ続けていけば、英語力は必ず伸びていきます。**そのときは、なかなか実感できないかもしれません。しかし、ある程度の時間が経てばわかります。自分では気づきにくいという意味で、英語力の伸びは、髪の毛が伸びるのと似ているかもしれません。いつの間にかしっかりと伸びているのです。

ぜひ、本書で紹介した「スパルタメソッド」も含めて、《英会話学習》を楽しく続けてください。がんばってくださいね！　応援しています！

Chapter

2

Lessons from Successful People

成功者の訓え

interview ①

英語を掛けあわせると仕事の可能性が広がる

田中真美（食品関係）

選択肢を広げるためにずっと英語を勉強したいと思っていましたが、なかなか時間がありませんでした。ところが、新型コロナウイルスの影響で時間がけっこうできたので、これを機に英会話を学ぶことにしたんです。

スクールはいろいろと検討しました。スパルタ英会話を選んだのは、レッスンをたくさん受けられることと、専属のコンサルタントが付いてくれることが決め手となりました。勉強方法が学べるというのも魅力でした。スパルタ英会話は「喋れるようになること」を重視しているので、その点でも、「話せるようになりたい」という私の目的には合っていました。

昔から洋楽など、英語圏のカルチャーは好きだったのですが、英語を勉強するのは得意ではありませんでした。ただ、外資系企業と仕事をする機会もあるので、英語ができるようになるとさらにチャンスが広がることはわかっていました。

スパルタ英会話に通いはじめて、まず実感したのは、仕事でリサーチをするときも、英語での調べものに対する抵抗が減りました。同じ仕事をするにしても、英語を掛けあわせただけで、俄然可能性が広がります。今後は海外の仕事にも挑戦してみたいので、英語の資格取得も目指しています。新規で仕事を獲得する場合も、英語ができるだけで有利になりますから。

学習をスタートしたときに設定した目標は、「思ったこと、考えていることをちゃんと伝えられるようになること」でした。仕事では指示を出す機会が多いのですが、シンプルな言い方だときちんと意図が伝わらないことがあります。職業柄、信用が重視されるので、微妙なニュアンスも伝えられる必要があると思っています。そうした細かな部分を適切に伝えられるようになりたいです。

スパルタ英会話のレッスンはコミュニケーションを最重要視します。おかげで、机に向かっての勉強よりも、楽しんで続けられています。担当コンサルタントからは適切なアドバイスももらえます。まず覚えるべき単語など、目標までの道筋を明確に示してくれるので、学習を進めるうえで助かっています。

スパルタ英会話では、「音読すること」を重視しますが、これは、自主学習でも取り入れるようにしました。おかげで、すっかり忘れかけていた中高生時代に学んだ文法も思い出すことができるようになりました。マンツーマンレッスンでは、一人ひとり目的に合わせてカスタマイズしたレッスンを受けることができます。これは非常に効果的です。グループレッスンは通い放題だったので、時間があるいま、好きなだけレッスンを受けられるのはありがたいです。

学びたいことはまだまだたくさんあります。それでも、英会話学習をはじめたときと比べれば、いまは雲泥の差で力がつきました。最初は、自分にとっての課題が何かもわからなかったんです。でも、レッスンを通じて、まずは何をすべきかが明確になりました。

interview ②

受験する気がなかった TOEICでも点数が取れた

野口岬希（スポーツ関係）

英会話を学習することにしたのは、仕事が新型コロナウイルスの影響を受けて、社会人として生き残っていくにはどうすべきかを考えたことがきっかけです。「英語を完全に武器にすることが必要だ」というのが結論でした。海外でも活躍できるようになるため、スクールで英会話を学ぶことに決めました。

私の問題意識は「英語は話せるけれど、自信を持って話せない」ことにありました。以前、留学していたときに話せるようにはなった。そのときは、「英語しか話せない環境」だったんです。だから日本でも、英語漬けになれるスクールを探しました。出会ったのがスパルタ英会話でした。「グループレッスン通い放題」というのがポイントでした。生徒一人ひとりに担当コンサルタントがつくのですが、その指導も満足度が高いものでした。個人の性格に合った勉強方法を提案してもらえるので、着実に力を伸ばすことができました。

スパルタ英会話に通いはじめて、叶えたい夢が膨らみました。いまの目標は、海外でも問題なくビジネスができるレベルまで、英会話力を上げていくことです。もともとは英語の勉強が苦手だったんですが、できるようになることで、成長の実感を得ることができます。それが気持ちよくて、いまは学ぶことが楽しくなりました。まだまだ満足せずに、さらに勉強を続けたいと思っています。将来は海外の大学に入って、英語でほかのことを勉強してみたいです。英会話ができるようになることで得られる経験がたくさんあると思います。

英語を勉強しはじめたことがきっかけで、いままで勉強したことがなかった行動心理学の分野にも興味を持つようになりました。苦手だったライティングも克服できてきたので、英検１級の取得を目指しています。学習することで手に入れた自信が、背中を押してくれるようになりました。

これは大きな夢ですが、実は TED Talks のスピーチで登壇したいと思っています。そのためにいつの日かイントネーションや発音まで、ネイティブスピーカーのように話せるようになりたいです。

スパルタ英会話で勉強を続けられたのは、「英会話を勉強する仲間」ができたからです。モチベーションが高い仲間がたくさんいるのはスパルタ英会話の特徴だと思います。グループレッスンでは、皆、バックグラウンドが違います。それでも熱意は同じです。みんなが「話せるようになりたい」という「同じ目標」を持っているので、仲間の頑張りが自分のモチベーション維持につながります。逆に、自分も周りをモチベートできるので、ますますやる気になれました。仲間とは、プライベートでも沖縄に一緒に行くほど仲良くなりました。コンサルタントや先生のサポートはいつも力強く、頼りになっています。

それと、スパルタ英会話に通うようになって、TOEIC の点数がとても上がりました。もともと、TOEIC で点数を取ることは特に目標にはしていなかったんです。対策もしていませんでした。それでも、受けてみるとリスニングが 420 点ほど、ほぼ満点近く取れてしまった。驚きました。

また、成長を自覚できたこととして、仕事でも自信を持って英語で話せるようになりました。いままでは、自分で必要最低限の単語を調べて、台本をつくったりして対応していました。ですが、いまでは、外国人選手と話すときも自然に会話を広げたり、指示を出したりできるようになりました。これからも成長を続けていこうと思っています。

Chapter

3

Daily Sentence

日常のセンテンス

前著『スパルタ英会話　挫折せずに結果を出せる最速学習メソッド』では、「外国人と友達になる」という目標を最終ゴールとして設定しました。本書の Chapter 3 では、もう一歩発展して、「外国人と恋人・夫婦になる」というところをあえてゴールに設定してみます。「留学先で恋人をつくると語学は上達する」とはよく言われることです。これは、英語で会話をする《切実な理由》があるからです。

いきなり「結婚までの道のりを想定したセンテンス集」と言われても、非現実的で想像しにくいかもしれません。しかし、誰かと仲良くなり、出かけたり、いろいろな計画を立てたりするという行動は、恋愛だけに限ったことではありません。センテンスの単語を置き換えることで、いろんな人間関係の構築に適用できます。英語を話せるようになるために恋人をつくるというのも無理があるかもしれませんが、ここで言いたいのは、人種や英会話の壁に囚われず、広い視野を持って人間関係を構築してみて欲しいということです。

※各センテンスには 3 つのチェックボックスが付いています。「1 日」「1 週間」「1 ヵ月」と、復習が済んだらチェックを入れましょう。

Flirting：親しくなる

Topic 1

最終的に「結婚」をゴールにするにはただ待っているだけではなかなかチャンスは訪れません。何事も自分から行動することが何よりも大切になってきます。「なんていったらいいかな？」「いきなり声をかけたらどう思われるか……」なんてモジモジしていたら、せっかくのチャンスを逃してしまうかも？　まずはTopic1の50センテンスを覚えて自信を持って声をかけましょう。このハードルを超えなければ誰とも親しくなれません。

1-1 First Meeting（出会い）

Situation

まずは友達にならないとはじまりません。誰かの紹介で仲良くなれればベストですが、そうではない場合、バーやパーティーなどで話しかけてみましょう。一言目は緊張すると思いますが、次の10センテンスから自分が使えそうと思ったものを完全コピーして使ってみてください。これが全ての始まりです。

Sentence 1-10		Check ▼
1	一杯おごらせてくれない？ Can I buy you a drink?	□□□
2	この辺の出身？ Are you from around here?	□□□

3	ここで見かけないね。 I haven't seen you here before.
4	ここにはよく来るの？ Do you come here often?
5	どうやってこの場所を見つけたの？ How do you know this place?
6	君ってマジシャン？だって君を見た途端みんなが視界から消えるんだ。 Are you a magician? Because when I saw you, everyone else disappeared.
7	口説き文句を言いたくないから、代わりに一杯おごらせてくれない？ I don't want to try some clever pick-up line, so can I buy you a drink instead?
8	これだけは言わせて、僕は君の目［髪／スタイル］が好きだ。 I just wanted to tell you, I love your eyes [hair / style].
9	一目惚れって信じる？信じないならもう一回通り過ぎるけど？ Do you believe in love at first sight or should I walk by again?
10	誰か警察を呼んで！君が僕の心を盗んだんだ。 Someone call the police because you just stole my heart.

1-2 Small Talk（仲良くなるための雑談）

Situation

1-1 で声をかけたら、「Let's drink together!」と言って、横に座りましょう。仲良くなるためにも、こちらから相手に質問していきます。ここで相手と自分の気が合いそうなのかどうかの確認はしておきたいですよね。知りたいのに聞けなかったということがないようにチェック必須の項目です。

Sentence 11-20		Check ▼
11	仕事は何をしているの？ What do you do for a living?	□□□
12	趣味は何なの？ What are your hobbies and interests?	□□□
13	どこで育ったの？ Where did you grow up?	□□□
14	何かスポーツはしている？ Do you play any sports?	□□□
15	どんな食べ物［映画］が好き？ What kind of food [movies] do you like?	□□□
16	何かペットを飼ってる？僕は猫がすごい好きなんだ！ Do you have any pets? I really love cats !	□□□

17	この夏はどこに遊びに行った？ Where did you go this summer?	□□□
18	お酒強いの？ Can you drink a lot?	□□□
19	日本のおすすめのレストランはこれだよ。 This is one of the most highly recommended restaurants in Japan.	□□□
20	最近のニュースについてどう思う？ What do you think about what's going on in the news?	□□□

1-3 Flirting / Deeper Topics（もっと仲良くなるための雑談）

Situation

雑談で打ち解けたら、もう少し踏み込んだ話をしてみましょう。連絡先を聞き出し、デートに誘えるといいですよね。外国の方は、誰かに褒められたときに、日本人ほど謙遜しません。ですから、こちらも恥ずかしがらずに、相手の素敵なところをしっかりと褒めてみましょう。

Sentence 21-30		Check ▼
21	今月って何か予定ある？ Do you have any plans for this month?	□□□

22 週末は何をしているの？
What do you like to do on the weekends?

23 どのあたりに住んでいるの？
Which neighborhood do you live in?

24 いま住んでるところは、どんなところが好き？
What do you like about living here?

25 シングル？どんな人がタイプなの？
Are you single? What is your type?

26 家族とは仲いいの？
Are you close with your family?

27 大学はどこに行っていたの？
Where did you go to college (university)?

28 ドレス［ネクタイ／シャツ／靴／カバン］いいね！どこで買ったの？
I like your dress [tie / shirts / shoes / bag]. Where did you get it?

29 電話番号教えてくれない？
Can I have your number?

30 Facebook［Instagram］のアカウント教えてくれない？
Can I add you on Facebook [Instagram]?

1-4 Asking for a Date（デートに誘う）

Situation

いよいよ、相手をデートに誘います。相手に失礼がないようにさわやかに。センテンスをしっかり練習して、自信を持って堂々と誘ってみましょう。勇気を出して。

Sentence 31-40		Check ▼
31	飲みに［何か食べに］行かない？ Would you like to grab a drink [something to eat]?	□□□
32	土曜日って空いてる？ Are you free on Saturday?	□□□
33	金曜日の昼［夜］って予定空いてる？ Are you free for lunch [dinner] on Friday?	□□□
34	デートに行かない？ Would you like to go on a date with me?	□□□
35	新作の映画を観に行かない？ Would you like to go and watch the new movie that just came out?	□□□
36	オープンしたばかりのあのレストラン行ってみない？ Would you like to check out the restaurant that just opened?	□□□

		Check
37	コーヒーでも飲みながらもっと話そうよ。 Would you like to talk more about that over some coffee?	□□□
38	コーヒーでも飲みながらもっとお互いのこと知りたいな。 How about getting to know each other more by grabbing a cup of coffee?	□□□
39	ディナーに連れて行きたいな。 I would like to take you out for dinner.	□□□
40	デートに連れて行きたいな。ディナーとかどう？ I would like to take you out. How does dinner sound?	□□□

1-5 Avoiding Advances（進展を避ける）

Situation

うまくいかないことも、よくあります。誘いをうまく断るためのセンテンスを紹介します。逆に、あなたがこういうことを言われてしまったときは、クールに振る舞いましょう。またチャンスは訪れます。それに、センテンスをくり返し使うことで、口グセのように定着していきますよ。けがの功名ですね。

Sentence 41-50

		Check ▼
41	そう言ってもらえて嬉しいけど、あまり興味ないかな。 I'm flattered, but I'm not interested.	□□□

42 彼氏［彼女］がいます。
I have a boyfriend [girlfriend].

43 話せて嬉しいけど、もう行かないといけません。
It's been nice talking to you, but I have to go.

44 ごめんなさい、この電話は出ないといけないんです。
I'm sorry, I have to take this call.

45 今夜は友達と外出しているので、ちょっと興味がありません。
I'm out with my friends tonight, so I'm not interested.

46 話すのは本当に楽しかったけど、ちょっと違うかなぁ。
I really enjoyed talking with you, but I don't feel a connection.

47 お互いに合うとは思いません。
I don't think we're a good match.

48 いまは誰とも付き合うつもりはないです。
I'm not looking to date someone right now.

49 すみません。お手洗いに行ってきます。
Excuse me, I have to use the bathroom.

50 あなたは本当にいい人だけど、あなたをそういう風に見られないんです。
You're really nice, but I don't see you in that way.

Topic 2

Dates : デートする

デートにもいろいろあります。気さくなデート、大人なデート、イベント日のデートなど、状況や雰囲気に合わせた会話がしたいところです。せっかく仲を深めたいときに、言葉の壁が邪魔になるなんて悔しいですよね。Topic 2では、デートでの会話を学びます。でも、いざ告白するというときの言葉は、自分の心から湧き出てくる正直なものを。「I love you」で、もちろんちゃんと伝わりますよ。恋のエネルギーを借りると、英語も楽しく勉強できます。

2-1 Romantic Conversation（ロマンチックな会話）

Situation

初デートでは、もう少し深い話をしてみましょう。個人的な話、相手の話、どんなことに感動したのか、好きなことは何か、などを聞き出せると、2回目3回目のデートにつながりますね。

Sentence 51-60		Check ▼
51	何を勉強したの？面白かった？ What did you study? How did you like it?	□□□
52	出身はどこ？どうして東京に引越したの？ Where are you from? Why did you move to Tokyo?	□□□

53	この辺で何するのがオススメ？ What's your favorite thing to do around here?	□□□
54	食べるところ、どこがお気に入り？ Where is your favorite place to eat?	□□□
55	旅行って好き？いままでで、いちばん良かった場所ってどこ？ Do you like to travel? Where was the best place you visited?	□□□
56	将来の目標って何？ What are your long-term goals?	□□□
57	5年後の自分はどこにいると思う？ Where do you see yourself in 5 years?	□□□
58	これまでにやってきたことの中でいちばんエキサイティングだったことって何？ What's the most exciting thing you've ever done?	□□□
59	あなたはシャイな人？それとも社交的な人？どっちだと思いますか？ Would you consider yourself a shy or outgoing person?	□□□
60	どんな関係を望んでいるの？ What kind of relationship are you looking for?	□□□

2-2 Casual Dates（気負わないデート）

Situation

初デートの次は、もう少しフランクなお誘いをして、距離を近づけましょう。ずっとあまりに丁寧過ぎても、お互いに気をつかってしまいます。うまく打ちとけて。

Sentence 61-70		Check ▼
61	何して遊ぶ？ What do you want to do?	□□□
62	このあいだ、君が好きそうなこじんまりとしたバーを見つけたから連れて行きたかったんだ。 I found this little bar the other week that I wanted to take you to.	□□□
63	このあいだ、テレビで見たあのレストランに行ってみようか。 Let's check out that restaurant we saw the other day on TV.	□□□
64	お気に入りのカフェに行くのはどう？ How about going to our favorite cafe?	□□□
65	公園に行って、ピクニックしようよ。 We should go to the park and have a picnic.	□□□
66	映画観ようか！観たいやつある？ Let's watch a movie! Anything you want to watch?	□□□

		Check
67	今日は家でゆっくりしようか。 Let's stay inside today.	□□□
68	ピザでも頼む？ Should we get some pizza delivered?	□□□
69	今日の服装どうかな？ How does my outfit look?	□□□
70	何時に迎えに行こうか？ What time should I pick you up?	□□□

2-3 Holiday Dates（休日のデート）

Situation

連休や祝日などのイベントは、特別なデートになりそうです。普段とはちょっと違う一面を見せて、最高の1日にしましょう。

Sentence 71-80

		Check ▼
71	大型連休はどこ行こうか？ Where should we go during the long weekend?	□□□
72	休日の週末は何したい？ What would you like to do on the holiday weekend?	□□□

73 バレンタインデー［クリスマス］のために何か特別なことを計画しよう。
Let's plan something special for Valentine's Day [Christmas].

74 バレンタインデー［クリスマス］に何か特別なことしたい？
Would you like to do something special for Valentine's Day [Christmas]?

75 ロマンチックなデートを計画してるんだ。
I have a romantic date for us planned.

76 高級でお洒落なレストランでのディナーを予約したよ。
I made dinner reservations at a fancy restaurant.

77 素敵な彼氏［彼女］でいてくれたから、ちょっとしたものを買ったよ。
I got you a little something for being such a great boyfriend [girlfriend].

78 この花束はあなたのためだよ。
This bouquet of flowers is for you.

79 実はサプライズがあるんだ。
※ギフトを贈ったり、パートナーを特別な場所に連れて行く前によく言います。
I have a surprise for you.

80 今夜は私のおごりよ。
I'm going to treat you tonight.

2-4 How to End a Date（デートの終わりかた）

Situation

そろそろ、さよならを言う時間です。1日をスマートに終えるための表現を学びます。デートがうまくいかなかったパターンも、うまくいったパターンも用意しました。

Sentence 81-90		Check ▼
81	今日は少し疲れたから家に帰るね。 I'm a little tired so I think I'm going to head home.	□□□
82	つながりは感じられなかったけど、いい人が見つかることを祈ってるね。 I didn't feel the connection I was looking for, but I wish you all the best.	□□□
83	今夜はこれでお開きにしようか。 I think it's time to call it a night.	□□□
84	家についたら連絡してね。 Let me know when you get home safe.	□□□
85	家についたら電話［メール］してね。 Call [Text] me when you get home.	□□□
86	楽しかった、またやろうね。 I had a lot of fun, let's do this again.	□□□

87	今日のデートすごく楽しかった、ありがとう。 Thank you for the date. I really enjoyed your company.	☐☐☐
88	また会えるの楽しみにしてるね。 I can't wait to see you again.	☐☐☐
89	今日はありがとう。楽しんでくれたなら良かったな。 Thanks for coming out. I hope you had fun tonight.	☐☐☐
90	ハグ［キス］してもいい？ Do you mind if I give you a hug [kiss]?	☐☐☐

2-5 Follow-Up Date（デート後のフォロー）

Situation

久しぶりに再会したときには、近況報告をすることからはじまります。会わなかった期間、相手にどんなことがあったのか質問してみましょう。

Sentence 91-100		Check ▼
91	元気だった？ How have you been?	☐☐☐
92	あれから、何か変わったことあった？ What have you been up to since last time?	☐☐☐

93 髪切った？
Did you get a haircut?

94 家族とのお正月［クリスマス］はどうだった？
How was New Year's [Christmas] with your family?

95 新作のディズニー映画観た？
Did you get a chance to watch the new Disney movie?

96 私が送った花、気に入ってくれた？
Did you like the flowers I sent you?

97 家族［犬／猫］は元気？
How's your family [dog / cat]?

98 ニュースについて聞いた？
Did you hear about the news?

99 何か変わったことあった？
What's new?

100 最後に会ったときから何か変わったことあった？
Anything new since we last saw each other?

Topic 3

Traveling Together：旅行する

Topic 2で仲良くなったら、告白は自分の言葉で伝えましょう。ちょっと遠出もしてみたくなるでしょう。相手が外国人ならば、日本の国内旅行も立派な冒険です。歴史ある街へ日本文化に触れに出かけたり、温泉を体験したり、富士山に登ったり、美しい南の海でリゾートを満喫したり。逆に、相手の母国に海外旅行へ出かけるという手もあります。旅を通じて、非日常を共有し、さらに深い仲になれるといいですね。

3-1 Destination（目的地）

Situation

自分から旅行に行く提案をしてみましょう。自分の希望は伝えつつ、相手がどこに行きたいかもちゃんとヒアリングして決めたいですね。

Sentence 101-110		Check ▼
101	旅行に行こう！ Let's take a vacation.	□□□
102	ここから遠く離れたところに行こうか！ Let's go somewhere far away from here.	□□□
103	熱帯地域はどう？ How about somewhere tropical?	□□□

104	沖縄に行ったことある？ Have you been to Okinawa before?	□□□
105	どこに行きたい？ Where would you like to go?	□□□
106	いつもメキシコに行きたかったんだ。 I've always wanted to go to Mexico.	□□□
107	ずっとブラジルに行きたくてたまらなかった。 I've been dying to go to Brazil.	□□□
108	何日間休暇取れそうですか？ How many days of vacation can you take?	□□□
109	ステイケーションはどう？ How about a staycation?	□□□
110	家の近くにいたい。 I want to stay close to home.	□□□

3-2 Accommodations（宿）

Situation

行き先が決まれば、まずはホテルの予約です。相手の好みを確認して、お互いが満足できる宿を見つけましょう。

Sentence 111-120

Check ▼

111 ホテルに泊まろうか？
Should we stay at a hotel?

112 朝食は含まれてる？
Is breakfast included?

113 朝食付きホテルはどう？
How about a bed and breakfast?

114 ホステルに泊まったことがないんだ。
I've never stayed at a hostel before.

115 何泊する？
How many nights are we going to stay?

116 空港からホテルまではどれくらいかかる？
How long does it take to get from the airport to the hotel?

117 部屋から景色は見える？
Does the room have a view?

118 このサイトからホテルを予約しよう。
Let's reserve the hotel through this site.

119 電話で割引があるか確認しよう。
Let's call to see if they have any promotions.

120 このホテルはすごくレビューがいいね。
This hotel has really good reviews.

3-3 Activities（アクティビティ）

Situation

観光、アクティビティ、グルメ、ショッピング……。旅先で何を重要視するかは、人によって違います。でも、せっかくなので、よそでは体験できないツアーやアクティビティで仲を深めてみてはどうでしょう。

Sentence 121-130

Check ▼

121 宮殿のツアーに行こう。
Let's take a tour of the palace.

122 ずっとバンジージャンプやってみたかったんだ。
I've always wanted to try bungee jumping.

123 一人あたりいくらですか？
How much is it per person?

124 事前にツアーを予約する必要あると思う？
Do you think we have to reserve the tour in advance?

125 サーフィンを教えてる人を知っているよ。
I know someone who teaches surfing.

126	次はどこへ行くの？ Where are we going next?	☐☐☐
127	レストラン前で会おう。 I will meet you in front of the restaurant.	☐☐☐
128	ツアーは何時に始まりますか？ What time will the tour start?	☐☐☐
129	朝食［昼食／夕食］はいつですか？ When is breakfast [lunch / dinner]?	☐☐☐
130	アクティビティは私のやりたいことリストのうちの１つです。 Activity is one of the things on my bucket list.	☐☐☐

3-4 Sightseeing（観光）

Situation

２人でおしゃべりしながらの観光は楽しいものです。目的地までどうやって行くかも確認しておきたいですね。ホテルで観光名所の情報を聞いてみるといいでしょう。

Sentence 131-140		Check ▼
131	城を背景に写真を撮ってくれる？ Do you mind taking a picture of me with the castle in the background?	☐☐☐

132 次はどこの観光スポットに行く？
Which sightseeing spots do you want to check out next?

133 自由の女神へはフェリーに乗っていきますか？
Do we have to take a ferry to get to the Statue of Liberty?

134 見学だけなら無料かなぁ？知ってる？
Do you know if it is free to visit?

135 いつでも行きたいときに行ってもいいの？
Are we allowed to go whenever we want?

136 このあたりでいちばん有名な観光スポットは何ですか？
What is the most famous sightseeing spot around here?

137 どのランドマークがおすすめですか？
Which landmarks do you recommend?

138 見ておくべき記念碑などはありますか？
Are there any monuments that we should see?

139 イエローストーン国立公園はどれくらい人気ですか？
How popular is Yellowstone National Park?

140 明日はゴールデンゲートブリッジに行くべきだと思いますか？
Do you think we should go to Golden Gate Bridge tomorrow?

3-5 Dining（食事）

Situation

食事は旅の醍醐味の１つです。おいしい料理を２人で楽しみましょう。

Sentence 141-150		Check ▼
141	ドライエイジングステーキはどう？ How does the dry-aged steak sound?	□□□
142	ワインリスト取ってくれる？ Can you pass me the wine list?	□□□
143	ブースかテーブルどっちがいい？ Do you want to sit in a booth or a table?	□□□
144	窓際のテーブルを予約しない？ Shall we reserve a table by the window?	□□□
145	バーでの食事でも大丈夫ですか？ Are you okay with eating at the bar?	□□□
146	メインディッシュ［前菜／アントレ（フランス語で前菜）］シェアする？ Do you want to share the main dish [appetizer / entrées]?	□□□
147	副菜は何がいいかな？ What sides sound good to you?	□□□

148	デザート食べられそう？ Do you have room for dessert?	□□□
149	前菜は何を注文したい？ Which appetizers do you want to order?	□□□
150	トイレに行っている間に注文しておいてくれる？ Can you order for me while I go to the restroom?	□□□

Fighting & Making Up：けんかと仲直り

Topic 4

関係が深まるほど、揉めることも出てきます。けんかをしても、しっかり話し合って乗り越えることで、雨降って地固まり、より一層、深い信頼関係を築くことができます。「争いは、相手をよく知らないから起きる。相手をよく知るために、言語は欠かせない」――私はそう考えて「スパルタ英会話」を起業しました。誰かが課題や不安を感じたときは「ディスカッションしつくそう。必ずわかり合える」と言っています。言語が違うのは、相違点が多いというだけのことです。人間どうし、言語は乗り越えられない壁ではありません。誠実な想いは必ず伝わるはずです。

4-1 Confrontation / Arguing（対立・口論）

Situation

付き合っていると、どうしても不満が募ることはあります。だからといって、いきなり怒るのではなく、相手と話し合おうとする努力を怠ってはいけません。

Sentence 151-160		Check ▼
151	遅くまで働いていて心配だよ。 I have concerns about how late you've been working.	□□□
152	気がかりなことがあるので話したい。 I want to talk to you about something that's been bothering me.	□□□
153	気になっていることがあるから話したいです。 There's something on my mind that I want to talk about.	□□□
154	話し合おう。 We need to talk.	□□□
155	どうしていつも言うこと聞いてくれないの？ Why don't you ever listen to me?	□□□
156	何か嫌なことあった？ Is there something bothering you?	□□□

157 どうして私に話してくれないの？
Why won't you talk to me?

158 最近距離が遠く感じます。
You've been distant recently.

159 何を考えているの？
What are you thinking?

160 どんな気分？
How are you feeling?

4-2 Feelings & Opinions（気持ちと意見）

Situation

たいていのけんかは、突き詰めると、相手が自分の不満を理解してくれない、といういらだちに行き着きます。不満はため込まず、相手にきちんと伝えるようにしていきましょう。伝えないとわかってもらえない、ということはあるのです。

Sentence 161-170

Check ▼

161 最近心ここにあらずだけどどうしたの？
You have been off lately. Is something wrong?

162 最近何か変だけどどうしたの？
Why have you been acting so weird lately?

163 私に話してくれない？
Will you please talk to me?

164 最近いろいろ大変です。
I have been really struggling recently.

165 どうして君がこんな状態になっているのか、わからない。
I don't understand why you are being this way.

166 壁をつくられるのが嫌いなのは、知ってるでしょ？
You know I dislike it when you shut me out.

167 一日中無視されるのは好きじゃない。
I don't like it when you ignore me all day.

168 失礼な態度を取るのはやめてくれない？
Will you stop being so rude?

169 私たち、距離をおいたほうが良いと思う。
I think we should take a break.

170 もっと私たちの関係に真剣になってくれないかな？
Can you please be more present in our relationship?

4-3 Responding to Your Partner
（相手に応じる）

Situation

互いに少し冷静になるためにも、まずはいったん、相手の不満への理解を示しましょう。そのうえで、こちらの意見も伝えます。

Sentence 171-180		Check ▼
171	言っていることは理解できるよ。 I understand what you're saying.	□□□
172	なるほど、気持ちは理解できるよ。 I see where you're coming from.	□□□
173	説明させてください。 Let me explain myself.	□□□
174	それは誤解だよ。 You misunderstood.	□□□
175	それは不公平だよ。 That's unfair to me.	□□□
176	私の意見を理解できていないと思う。 I don't think you're seeing this from my point of view.	□□□
177	本当にそう感じているの？ Is that how you really feel?	□□□

178 自分がそんな行動を取っているなんて気づかなかった。
I didn't realize that I was acting in such a way.

179 自分ばかり被害者みたいに言わないで。
Stop victimizing yourself.

180 私がどんな気持ちだと思うの？
How do you think I feel?

4-4 Apologies（謝罪）

Situation

意見をぶつけ合ったあとは、謝罪しましょう。余計な意地は張らず、誠実に謝って仲直りしましょう。

Sentence 181-190

Check ▼

181 あんなふうに振る舞ってごめん。
I'm sorry for the way I acted.

182 あんなこと言ってごめんなさい。
I apologize for the things I said.

183 傷つけるつもりはなかったんだ。
I didn't mean to hurt you.

184 あなたの状況をもう少し考えるべきだった、ごめん。

I'm sorry I wasn't being more sensitive to your situation.

185 最近お互いの関係に真摯に向き合えてなかったけど、これからは変えていくよ。

I know I haven't been very present in our relationship recently. I'm going to change that.

186 言ってることが理解できたので、これからそれを変えていくね。

I understand what you're saying and I'm going to change things around.

187 自分の行動がどれだけあなたを傷つけていたか気が付いてなかった。これからはちゃんと自分を変えていくね。

I didn't realize how much my actions were hurting you. I promise to do better.

188 これからはもっとちゃんと話を聞くって約束する。

I promise to listen more.

189 話を聞いてくれたり、徹底的に話し合ってくれてありがとう。

Thank you for listening to me and talking things out.

190 オープンに接してくれてありがとう。

I appreciate you being so open.

4-5 Lightening Up the Mood（ムードを明るくする）

Situation

険悪な空気を明るくしないといけませんよね。こちらからアクションを起こし、相手も思わず機嫌を直すような提案をしてみてはどうでしょう。

Sentence 191-200		Check ▼
191	お腹すいた？ Are you hungry?	□□□
192	で、夕食は何が食べたいの？ So what would you like to eat for dinner?	□□□
193	飲みに行かない？ Are you down for a drink?	□□□
194	少し冷静になるために散歩行かない？ Would you like to go for a walk to cool down a bit?	□□□
195	いまは何がしたい？ What would you like to do now?	□□□
196	ハグして仲直りしよう！ Let's hug it out.	□□□
197	キスして仲直りしようか。 Shall we kiss and make up?	□□□

198	これは将来に向けて良い練習だね。 I guess this is good practice for the future.	□□□
199	あれはバカげていたね。 Well, that was silly.	□□□
200	お互い率直に話せるのが好き。 I love that you can be so outspoken with me.	□□□

Living Together：一緒に暮らす

Topic 5

一緒に暮らしはじめることになりました。生活を共にすると、生活習慣の違いなど、些細なことが気になりがちです。国際カップルならばなおのこと。平均的に見て、外国人は日本人よりも、はっきりと物を言う傾向があります。すれ違いだけではありません。愛情表現もストレートです。そうしたコミュニケーションの違いも前向きに楽しんでいけるといいですね。

5-1 Finding an Apartment（物件探し）

Situation

部屋のこだわり、予算など、ちゃんとすり合わせをして、物件選びは不満が残らないようにしたいところです。将来への夢が膨らむ楽しい時期です。

Sentence 201-210

Check ▼

201 都市にするか、あるいは、もう少し静かな場所を探そうか？
Should we find a place in the city or somewhere a bit more quiet?

202 寝室が２つある家を探したほうがいいかな？
Do you think we should get a 2-bedroom apartment instead?

203 １階に住むのはどうかな？
How do you feel about living on the first floor?

204 家賃は予算内に収まってるかな？
Do you think that the rent is within our budget?

205 このアパートは最初からアメニティ（設備や備品）がついているかわかる？
Do you know if this apartment comes with any amenities?

206 契約書に君の名前いる？
Do you want your name on the lease?

207 スペアキーはどこに隠そうか？
Where should we hide our spare key?

208 リビングに絵を飾ってもいい？
Would you mind if I put up some of my artwork in the living room?

209 ペットを引き取ってアパートで育てようか？
Do you think we should adopt a pet for the apartment?

210 部屋の１つをオフィスに変えてもいい？
Is it okay if we turned one of the rooms into an office?

5-2 Cooking（料理する）

Situation

一緒に住めば、料理をして食事を一緒にすることも増えるでしょう。料理の段階から楽しい時間になりそうです。

Sentence 211-220

Check ▼

211 今夜は何食べたい？
What do you want to eat tonight?

212 今回の料理当番はどっち？
Is it my turn to cook or yours?

213 外食する？それとも料理する？
Should we go out for dinner or cook?

214 夕食つくるの、手伝ってくれる？
Would you mind helping me cook dinner?

215	今晩は肉と魚どっちが食べたい？ Do you want to eat meat or fish this evening?	□□□
216	味はどう？もっと味付けしたほうがいい？ How does it taste? Do you think it needs more seasoning?	□□□
217	お塩取ってくれる？ Can you pass me the salt?	□□□
218	ランチと一緒に小さなサラダ食べる？ Do you want a small salad to go along with lunch?	□□□
219	時間があるときにオーブンを温めといてくれる？ When you are free, can you preheat the oven?	□□□
220	お気に入りの料理は何？ What is your favorite thing to cook?	□□□

5-3 Cleaning / Chores（掃除・家事）

Situation

掃除や、こまごまとした家事は個人の性格が出やすいものです。また、一方に負担が偏りがちです。ある程度ルールを決めて、ちゃんと役割分担をしましょう。

Sentence 221-230

		Check ▼
221	私が洗濯したら、畳んでくれる？ If I do the laundry, will you fold the clothes?	□□□
222	リビングに掃除機をかけてくれる？ Can you please vacuum the living room?	□□□
223	食べ終わったら、お皿を洗ってくれる？ Do you mind doing the dishes after we eat?	□□□
224	ゴミ出してくれる？ Will you take out the trash for me?	□□□
225	トイレ掃除と洗濯、君はどっちをやりたい？ Would you rather clean the bathroom or do the laundry?	□□□
226	掃除用具はどこに保管してる？ Where do we keep our cleaning products?	□□□
227	ウェットシート残ってる？ Do we have any wet wipes left?	□□□
228	あとでクローゼットを整理してくれる？ Are you able to organize the closet later?	□□□
229	あとで芝刈りを手伝ってくれる？ Can you help me mow the lawn later?	□□□

230 空気を入れ替えたいから窓を開けてくれる？
Will you please open a window for some fresh air?

5-4 Hobbies（趣味）

Situation

1人の時間も大切ですが、何か共通の趣味を見つけることができれば、楽しい時間を過ごせますよね。新しいことを2人ではじめてみてもいいかもしれません。

Sentence 231-240

231 一緒に新しい趣味やらない？
Do you want to try a new hobby together?

232 一緒にテレビゲームしない？
Are you interested in playing video games with me?

233 パズルを始めて、後で額縁に入れてみない？
How about starting a puzzle and framing it afterwards?

234 一緒に料理教室に行くのはどうかな？
How do you feel about taking cooking classes together?

235 一緒にボルダリングしない？
Will you try bouldering with me?

236 ダンスレッスンの受講に興味ある？
Are you open to the idea of taking dance lessons?

237 ちょっと遊びで何か絵を描いてみる？
Should we try painting something for fun?

238 ガーデニングにトライしてみない？
Can you give gardening a try?

239 スキューバダイビングやってみない？
Shall we give scuba diving a try?

240 何を集めるのが好きですか？
What do you like to collect?

5-5 Expenses（出費）

Situation

一緒に住むとき、避けて通れないのが生活費についての取り決めです。お金はときに、人間関係を壊します。だからこそしっかりと話し合い、誤解がないようにしておきたいですね。

Sentence 241-250

Check ▼

241 生活費はどう分ければいい？
How should we split our living expenses?

242 今月の電気代払った？
Did you pay the electricity bill this month?

243 水道代の領収書の宛名はあなたの名前でいい？
Is it okay if the water bill is under your name?

244 家賃の引き落とし日はいつ？
When is rent due every month?

245 家賃は現金で支払える？
Are we allowed to pay rent in cash?

246 食費は１週間 100 ドルで大丈夫だと思う？
Do you think $100 dollars a week for food is enough?

247 どのインターネットプロバイダーを契約する？
Which cable internet provider do you want to sign up with?

248 インターネットが家賃に含まれているか知ってる？
Do you know if the internet is included in the rent?

249 すべて折半でいい？
Should we split everything down the middle?

250 ガス代の請求って、毎月か隔月か覚えてる？
Do you remember if the gas bill is every month or every other month?

Making Decisions Together：一緒に決断する

Topic 6

新しい家具の購入、ペットを飼うこと、将来の設計、引越し、転職など、日々の生活は「決断」のくり返しです。いろいろなことを相談しながら２人で決めていくことになります。そして、Topic 6の次には、人生最大の決断といえる「結婚」が待っています。

6-1 Pets（ペット）

Situation

ペットを迎えてみようか、ということになりました。家族が増えると、家という場所がさらに居心地のいいものになりますね。

Sentence 251-260		Check ▼
251	家でペットを飼うことについてどう思う？ How do you feel about getting a pet for the house?	□□□
252	いまのアパートって、ペットを飼えるか知ってる？ Do you know if our apartment is pet friendly?	□□□
253	動物のアレルギーはある？ Are you allergic to any animals?	□□□

254 犬と猫どっちがいい？
Would you rather get a dog or a cat?

255 ハムスターは好き？
Do you like hamsters?

256 どんな猫を飼おうか？
What kind of cat should we get?

257 どの犬種に興味ある？
Which breed of dogs are you interested in?

258 爬虫類のペットって大丈夫？
Are you okay with reptiles as a pet?

259 ペットを飼うときの保証金っていくらだったか覚えている？
Do you remember how much the pet deposit was?

260 ペットはシェルターから引き取るほうがいいかな？
Should we adopt a pet from the shelter?

6-2 Big Purchases（大きな買い物）

Situation

家具や家電の新調には、それなりにお金もかかります。よく相談して決めましょう。

Sentence 261-270

Check ▼

		Check
261	どこで家具を買ったらいいかな？ Where should we buy furniture from?	□□□
262	リビングのテレビの大きさはどれくらいがいいかな？ How big should the TV in the living room be?	□□□
263	いまの洗濯機、気に入ってる？ Are you satisfied with our washing machine?	□□□
264	何色の車がいいかな？ What is a good color for a car?	□□□
265	どれくらいの大きさの家を買うべきかな？ How big of a house should we buy?	□□□
266	頭金はいくらまで払える？ How much of a down payment can we afford?	□□□
267	キッチンのリフォームに興味ある？ Are you interested in redesigning the kitchen?	□□□
268	家に新しいエアコンシステムを導入しないといけないね。 We need to install a new AC system for the house.	□□□
269	飾るための絵を買うべきかな？ Should we get some artwork to put up?	□□□

270 次の旅行はどこに行こうか？
Where should we go for our next vacation?

6-3 Relocation（引越し）

Situation

転勤や気分転換などで、引越しをすることになる場合もあります。通勤の利便性や家賃補助などを加味して考えましょう。

Sentence 271-280

Check ▼

271 どの都市に引っ越そうと考えてる？
Which cities are you thinking of moving to?

272 ビーチの近くに住むべきかな？
Should we live near the beach?

273 都市から離れたところがいいですか？
Do you want to move away from the city?

274 会社から引っ越しを求められていることについてどう思う？
Is it fair that your work is asking you to relocate?

275 家賃補助はありますか？
Is there housing assistance available?

276 いつまでに家を出ないといけないの？
When do you have to move out by?

277	一軒家かマンション、どっちに引越したほうがいいかな？ Is it better to move to a house or apartment?	□□□
278	新しい家の家賃はいまの金額よりも高いですか？ Is rent more expensive at the new place compared to what we pay now?	□□□
279	新しい家の交通の便はどう？ How is the transportation system near your new home?	□□□
280	近所に良いお店ある？ Are there any good shops by your place?	□□□

6-4 Leisure Time（レジャー）

Situation

一緒に暮らしていても、休日は一緒にどこかへ行けるといいですね。日帰り旅行、ドライブ、キャンプなどを想定したセンテンスを集めました。

Sentence 281-290		Check ▼
281	今週末は何したい？ What do you want to do this weekend?	□□□
282	どこか日帰り旅行へ行きたい？ Do you want to take a day trip somewhere?	□□□

283 むしろ家にいてリラックスする？
Would you rather stay in and relax?

284 明日ドライブ行こう！
Let's go on a drive tomorrow.

285 今夜出かけたい気分？
Do you feel like going out tonight?

286 すぐにキャンプ旅行を計画しよう。
We should plan a camping trip soon.

287 今週の土曜日休める？
Are you able to take this Saturday off?

288 あとで映画観よう。
Let's catch a movie later.

289 今日の午後ピクニックする？
Are you interested in having a picnic this afternoon?

290 みんなで公園に行こうか。
We should all go to the park.

6-5 Children（子ども）

Situation

結婚する前から結婚した後のことを想像するのは楽しいものです。結婚後の未来を共有することで価値観のすれ違いを防ぐこともできます。特に子どもについての考えかたは多様なので、付き合っているうちから話しておいてもいいでしょう。

Sentence 291-300		Check ▼
291	子どもは何人欲しい？ How many kids do you want?	□□□
292	子どもはいらないと思ってるんだけど、あなたは？ I don't think I want children. How about you?	□□□
293	子どもを迎える準備できてるかな？ Are we ready for a child?	□□□
294	子どものために十分な貯金できてるかな？ Do you think we have enough savings for a child?	□□□
295	どんな名前考えてる？ What names are you thinking of?	□□□
296	会社は産休取れるの？ Does your company offer maternity leave?	□□□

297	ベビーシャワーはどこで開催しようか？ Where should we host the baby shower?	
298	赤ちゃんの性別は秘密にしておきたい？ Do you want to keep the gender of our baby a secret?	
299	ベビーカー余ってる人知ってる？ Do you know anyone with a spare stroller?	
300	子どもには私立学校に行かせるべきかな？ Should we send our children to a private school?	

Topic 7

Wedding Preparations
: 結婚までの準備

結婚するとなると、まずプロポーズがあります。プロポーズは男性から、ということが多いので、そういうセンテンスが中心です。逆に結婚式の打ち合わせは、女性が中心になるかもしれませんね。打ち合わせのセンテンスは、単語を入れ替えれば、結婚以外のシチュエーションでも使えます。結婚式の準備をしたり、指輪を用意したり、幸せで忙しい時期です。

7-1 Proposing（プロポーズ）

Situation

プロポーズの前に、友人に打ち明けてみます。背中を押してくれて、いい意見をくれるかもしれませんね。

Sentence 301-310		Check ▼
301	君は僕の親友で、いつも頼りにしているよ。 You are my best friend and I can always count on you.	□□□
302	彼女との結婚を考えてるんだ。 I am thinking of asking my girlfriend to marry me.	□□□
303	プロポーズするのにいい場所、知ってる？ Where is a good place to propose?	□□□
304	どうやって婚約指輪を渡そうか？ How should I present the engagement ring?	□□□
305	シャンパンのグラスに婚約指輪を入れるのはキザすぎるかな？ Is it cliché to have the engagement ring in a glass of champagne?	□□□
306	彼女は絶対、いいお母さんになるよ。 She will be a great mother.	□□□
307	次の一歩を踏み出す時だと思う。 I think it is time to take the next step.	□□□

308 礼儀として、プロポーズの前に、ご両親に挨拶したほうがいいよね？
Is it respectful to get my in-law's blessings before proposing?

309 彼が運命の人だし、愛してる。
I know he is the one. I love him.

310 残りの人生を君と一緒に過ごせるなんてすごく楽しみ。
I can't wait to spend the rest of my life with you.

7-2 Ring Shopping（指輪を買う）

Situation

ずっと身に着ける指輪は相手が気に入るものをプレゼントしましょう。

Sentence 311-320

Check ▼

311 指輪を買いに行こう！
Let's go ring shopping!

312 どんな指輪が欲しい？
What kind of ring do you want?

313 シルバーかプラチナの指輪どっちが欲しい？
Do you want a silver or a platinum band?

314	おそろいの指輪を買ったほうがいいかな？ Should we get matching wedding rings?
315	完璧な指輪を選ぶのを手伝ってくれませんか？ Can you help me pick out the perfect ring?
316	このダイヤモンドは何カラットですか？ How many carats is this diamond?
317	紛争ダイヤモンドは好きじゃないです。 I don't like conflict diamonds.
318	ダイヤモンドの形がとても綺麗です。 The shape of the diamond is very beautiful.
319	指輪の内側に刻印を入れることはできますか？ Is it possible to have the insides of our rings engraved?
320	指輪にいくらかけたの？ How much did you spend on the rings?

7-3 Dress Shopping（ドレスを買う）

Situation

女性の憧れでもあるウェディングドレス。レンタルしたり、買ったり、いろんなケースがありますが、お店の人にもよく相談にのってもらいましょう。

Sentence 321-330

Check ▼

		Check
321	ウェディングドレスはどれくらい前に購入すればいいですか？ How far in advance should I start shopping for a gown?	□□□
322	ウェディングドレスを選ぶのに予約は必要ですか？ Do I need an appointment to select bridal gowns?	□□□
323	ドレスの最低価格はいくらですか？ What is the starting price of your gowns?	□□□
324	お直しは料金に含まれていますか？ Are alterations included in the price?	□□□
325	ウェディングドレスはレンタルにしたいんだけど。 I want to rent a dress though.	□□□
326	そのお店はどんなデザイナーやスタイルを取り扱っていますか？ What designers and styles do they carry?	□□□
327	専門知識が豊富なコンサルタントはいますか？ Do they have professional, knowledgeable consultants?	□□□
328	ゲストは何人連れていけますか？ How many guests can I bring with me?	□□□
329	支払い手順はどんな流れですか？ How does the payment process work?	□□□

330 注文後、デザイナーからドレスはいつ届きますか？
After the order is placed, when will my dress arrive from the designer?

7-4 Venue（会場）

Situation

希望に合った結婚式にするためにも、会場についてはいろいろな打ち合わせが必要です。予算のほか、パッケージに含まれるもの、オプションになるサービスなど、きちんと確認しましょう。

Sentence 331-340

Check ▼

331 結婚式はいつにしようか？
When should we have our wedding?

332 結婚式には何人招待しようか？
How many people do you think we should invite to our wedding?

333 この式場は保証金を支払う必要はありますか？
Do we have to pay a deposit for this venue?

334 理想の結婚式場はどこですか？
Where is your dream wedding venue?

335	リングベアラーをお願いすることはできますか？ Will there be a ring bearer?	□□□
336	ファーストダンスが楽しみ！ I am excited for our first dance!	□□□
337	宴会場は何名まで入れますか？ How many guests can the banquet room accommodate?	□□□
338	ウェディングパッケージはどういうもので、それには何が含まれていますか？ What are their wedding packages and what is included?	□□□
339	式場は希望の日に利用できますか？ Is the venue available on the date we need it?	□□□
340	オプションプランについて一通り説明してくれますか？ Can you give us a run down of the optional extras?	□□□

7-5 Food & Drinks（料理・ドリンク）

Situation

来てくださる家族や友人に喜んでもらえるよう、料理の打ち合わせも大切です。事前に試食もしておきたいですね。

Sentence 341-350

Check ▼

341 一人あたり何杯までドリンクを提供する？
How many drinks should we allow per person?

342 オープンバー（飲み放題）にしますか？
Should we have an open bar?

343 ゲストにはどんなノンアルコール飲料を用意する？
What non-alcoholic drinks should we provide for guests?

344 ホールスタッフは何人雇おうか？
How many serving staff should we hire?

345 結婚式のケータリングはどれくらい前に予約すればいいですか？
How far in advance do we need to book our wedding caterers?

346 事前にメニューを試食することはできますか？
Can I sample the menu beforehand?

347 ウェディングケーキの大きさはどれくらいにしようか？
How big should our wedding cake be?

348 子ども向けメニューはどんなのにしようか？
What menu should we offer for children?

349 どのテーブルセッティングにしようか？
Which table setting should we decide on?

350 メニューはいちから決めることができますか、それともセットメニューですか？

Can we build the menu from scratch or is it a set menu?

Topic 8

Marriage：入籍

タイミングは様々ですが、結婚式だけでなく、入籍の手続きも大事です。晴れて夫婦になれば、ハネムーンも楽しみたいですね。もちろん現実的な話もたくさんあります。貯蓄や、老後についても話し合っていく必要が出てきますよね。楽しい夫婦生活が送れるようにしていきましょう。

8-1 In-Laws（義理の家族）

Situation

結婚の前にはもちろん相手のご両親に挨拶が必要です。こちらからご挨拶にうかがう、という姿勢を見せることが大切です。

Sentence 351-360

Check ▼

351 ご家族のみなさんはお元気？

How are my favorite in-laws doing?

352 いつご両親に会いに行こうか？
When should we visit your parents?

353 相手の親戚が今週末、街にやってきます。
My in-laws are coming into town this weekend.

354 ご両親は今夜、予定は空いているの？
Are your parents free tonight?

355 お母さんを夕食に招待しよう。
Let’s invite your mother for dinner.

356 ご両親の記念日にぴったりのギフトがあります！
I have the perfect gift idea for your parents’ anniversary!

357 休日はご両親も招待したほうがいいかな？
Should we invite your parents for the holidays?

358 お嬢さんに関してアドバイスをいただけませんか？
Can you give me some advice about your daughter?

359 幼いころの息子さんはどんな感じでしたか？
What was your son like when he was young?

360 私は親戚からの評価はあまり高くないんです。
My in-laws don’t really think too highly of me.

8-2 Honeymoon（新婚旅行）

Situation

新婚旅行は最高の思い出にしたいですよね。２人でしっかりと計画しましょう。

Sentence 361-370		Check▼
361	どれくらい前にハネムーンの計画をしようか？ How early do we need to plan our honeymoon?	□□□
362	いつ新婚旅行に行こうか？ When should we take our honeymoon?	□□□
363	新婚旅行はどこに行こうか？ Where should we go for our honeymoon?	□□□
364	新婚旅行の期間はどれくらいにしようか？ How long should our honeymoon be?	□□□
365	気になっている人気の新婚旅行先はある？ Where are some popular honeymoon destinations that you are interested in?	□□□
366	どうやって新婚旅行を過ごそうか？ How should we spend our honeymoon?	□□□

367 リラックスする？　観光する？　冒険的なアクティビティ？　もしくは全部？

Do you want to relax, sightsee, do adventurous activities, or some combination of the three?

368 長いフライトでも大丈夫？

Do you mind long flights?

369 どんな場所に泊まりたい？

What kind of accommodations do you want?

370 言葉が通じなくても大丈夫？

Is a language barrier an issue for you?

8-3 Childcare（子育て）

Situation

子どもを持つ場合は、具体的な計画を立てなければなりません。貯金、保険などの経済面、そして教育方針など、考えることは様々です。

Sentence 371-380

Check ▼

371 子どもたちのために給料の 10%は貯金しよう。

I think we should set aside 10% of every check for our children.

372 子どものためにはどんな保険が必要かな？
What kind of insurance do we need for our child?

373 子どものために最適な保険を提案してくれる会社はどれかな？
Which insurance provider is best for children?

374 保育園についてどう思う？
How do you feel about day care?

375 子どもができないときは不妊治療する？
Should we get infertility treatments if we can't conceive?

376 育児をしているときに直面した最大の課題は何？
What is the biggest challenge you have faced while working in childcare?

377 保育所にとっていちばん重要な資質は何ですか？
What are the most important qualities for a childcare provider?

378 あなたの教育方針はなんですか？
What is your discipline policy?

379 大まかな育児理念はありますか？
What is your overall childcare philosophy?

380 いつでも子どもに会うことはできますか？
Can I visit my child whenever I want?

8-4 Finances / Money Management
（経済・お金のやりくり）

Situation

先のことを見据えたマネープランで、お互いに安心した暮らしを送れるようにしたいですね。

Sentence 381-390		Check ▼
381	老後のための貯金はいつから始めればいいかな？ When should I start saving for retirement?	□□□
382	本当に赤ちゃんを養うほどのお金ってあるかな？ Can we really afford a baby?	□□□
383	緊急用の口座って本当に必要かな？ Do I really need an emergency savings fund?	□□□
384	どれくらいの緊急資金が必要？ How much emergency money is needed?	□□□
385	お金は僕が管理したいです。 I want to be in charge of our finances.	□□□
386	毎月お小遣いもらってもいい？ Can you give me a monthly allowance?	□□□
387	貯金するべきか、返済するべきか？ Should I save money or pay off my debts?	□□□

388 投資をはじめたいけど、どう思う？
I want to start investing. What do you think?

389 クレジットカードは何枚持ってる？
How many credit cards do you have?

390 父の遺産を相続する予定です。
I am getting an inheritance from my father.

8-5 Insurance / Retirement（保険・退職）

Situation

退職とその後の人生についても、話し合っておきたいところです。保険や社会保障についての情報共有が必要です。最近は、若い間に退職するという選択もありますから、今のうちからでも話しておくといいかもしれません。

Sentence 391-400

Check ▼

391 いつから社会保障を受けられますか？
When can I begin receiving social security?

392 定年退職するにはどれくらいお金が必要ですか？
How much money do I need to retire?

393 あなたの会社ではほとんどの人は何歳で定年退職しますか？
At what age do most people retire at your company?

394 来月でリタイアします！
I am going to retire next month!

395 年金を一時金として受け取ることはできますか？
Can I take my pension as a lump sum?

396 老後にいくら使うと思いますか？
How much do you think you will spend during retirement?

397 明日引退できたらいいなあ。
I wish I could retire tomorrow.

398 退職前に住宅ローンを返済したい。
I want to pay off my mortgage before retirement.

399 老後は何するの？
What will you do during retirement?

400 どうすれば引退できるかな？
How do I retire?

Anniversaries：記念日

Topic 9

国境を問わず、多くの夫婦やカップルは記念日を大切にします。イベントを企画したり、プレゼントを贈ったり、サプライズなんて素敵ですね！　日ごろの感謝を伝え、愛を確認する、いい機会です。ぜひロマンチックな１日を過ごしてみてください。

9-1 Gift Shopping（贈り物を買う）

Situation

付き合いはじめてから長い年月が経っていたとしても、ときには贈り物を準備しましょう。改めて愛を伝えることができたらいいですね。

Sentence 401-410		Check ▼
401	いま何がいちばん欲しい？ What do you want most right now?	□□□
402	いま必要なものある？ Is there something you need right now?	□□□
403	好きだけど自分では買わないものってある？ What is something you like but wouldn't buy for yourself?	□□□
404	どこで買い物するのが好き？ Where do you like to shop?	□□□
405	どこに寄付したい？ Where do you like to donate money?	□□□
406	ギフトカードは良い贈り物だと思う？ Do you think gift cards are good gifts?	□□□

407 好きな余暇の過ごし方は？
What is your favorite leisure activity?

408 このところ、何のために貯金しているの？
What are you currently saving for?

409 彼に高級時計をプレゼントしたい。
I want to gift him a fancy watch.

410 彼女にバッグを買ってあげたほうがいいかな？
Should I get her a bag?

9-2 Event Planning（イベントの計画）

Situation

サプライズの計画で使えるセンテンスを紹介します。特に最後の一文が大切かも。パスポートの期限が切れていたら最悪です。ほんとのビッグサプライズになっちゃいますから。

Sentence 411-420

Check ▼

411 サプライズ旅行を計画したよ！
I have planned a surprise getaway!

412 彼女が職場にいる今日のランチで、彼女を驚かせようと思う。

I think I will surprise her with lunch today while she is at work.

413 お気に入りのレストランで夕食はどう？

How does dinner at our favorite restaurant sound?

414 車で旅行へいこう！

Let's go on a road trip!

415 今週末遊ぶために、君の親友５人を招待したよ。

I invited 5 of your best friends to hang out this weekend.

416 今年の記念日は何をしたい？

What do you want to do this year for our anniversary?

417 キャンプやってみるといいかも！

I think we should give camping a try!

418 このイベントはいつ頃から計画できますか？

How soon can we plan this event?

419 旅支度を手伝おうか？

Do you need help preparing for the trip?

420 パスポートの有効期限は切れてない？

Are you sure your passport hasn't expired?

9-3 Love Letters（ラブレター）

Situation

いまの時代だからこそ、特別な手紙は嬉しいものです。恥ずかしがらずに書いてみましょう。

Sentence 421-430		Check ▼
421	あなたは理想の男性［女性］です。 You are my dream man [woman].	□□□
422	君との毎日は天からの贈り物だよ。 Every day with you is a gift.	□□□
423	あなたの好きなところすべて話させて！ Let me tell you all the things I love about you.	□□□
424	あなたに愛されていると感じる瞬間を説明させて。 Let me explain all the ways you make me feel loved.	□□□
425	私はあなたの振舞い方が大好きです。 I love the way you behave.	□□□
426	たとえば、私が悲しんでいるときは抱きしめてくれるから。 For example, I love the way you hold me when I'm sad.	□□□
427	僕には君が必要。 You complete me.	□□□

428 君といれば僕は成長できる。
You make me a better person.

429 あなたはこの世の全てです。(あなたは私の月であり、星です。)
You are my moon and stars.

430 あなたは私の希望の光です。
You are the light in my darkest times.

9-4 Compliments(誉め言葉)

Situation

海外では、いいところを見つけて、どんどん相手を褒めます。褒められたほうは気分がいいものです。ぜひ積極的に相手を褒めてみてください。

Sentence 431-440

Check ▼

431 そのシャツ似合ってるね。
You look great in that shirt.

432 その色はあなたの目を引き立たせるね!
That color really makes your eyes pop!

433 新しい髪型似合ってるね!
I really like your new haircut.

434	夕食すごく美味しそう！ Dinner looks amazing!	□□□
435	何から何まで、本当にありがとうございました！ Thank you so much for everything!	□□□
436	いつも話すのが楽しみです。 I get excited everytime I talk to you.	□□□
437	君を笑顔にするのが好きなんだ。 I love making you laugh.	□□□
438	君みたいな人を見つけられるなんて信じられない。 I can't believe I found someone like you.	□□□
439	とても魅力的な目だね。 Your eyes are mesmerizing.	□□□
440	人生であなたのような人に会ったことないわ。 You're not like anyone I've met before.	□□□

9-5 Renewing Vows（新たな誓い）

Situation

はじめて会った頃には言っていた、あの言葉。もういちど、改めて伝えましょう。いまさら照れくさいかもしれませんが、仲が深まります。

Sentence 441-450

Check ▼

441 あなたと結婚すると決めたのは人生で最良の決断でした。

Marrying you all those years ago was the best decision of my life.

442 結婚したのが、つい昨日の事のようだわ。

It seems like only yesterday we were married.

443 もういちど独身の頃に戻ったとしても、君と結婚するだろう。

If I could go back and do it again, I wouldn't change a thing.

444 君への愛をもういちど確認するのが楽しみだ。

I am excited to reaffirm my commitment to you.

445 お互いの愛ある限り、私たちは一緒よ。

Our love keeps us together.

446 出会った瞬間から、あなたは私を驚かせ、困惑させ、魅了し、他の誰も考えない方法でアプローチしたよね。

From the moment our paths crossed, you've surprised me, distracted me, captivated me, and challenged me in ways that no one else ever has.

447 君のおかげで、僕は笑い、笑顔になり、夢を見られる。

Because of you, I laugh, I smile, I dare to dream.

448 君は僕の親友、メンター、心の友、恋人であり、そして最大のチャレンジだよ。

You have been my best friend, mentor, confidant, lover, and greatest challenge.

449 僕の持つものも、僕自身も、これからの僕はすべて君のものだよ。

All that I have, all that I am, all that I will ever be, is yours and because of you.

450 あなたは私の喜びをより大きくし、悲しみをより小さくする。私の魂はそれを知っているわ。

You make my joys greater, my sorrows more bearable, and my spirit known.

Topic 10

Young Love : 若者の恋愛

ここからは中学・高校生が使える50センテンスを一気に紹介します。学校に海外からの留学生がいたり、あるいは、自分が留学する機会があるならば、ぜひ使ってみてください。

Sentence 451-500

Check ▼

451 ここは初めて？　見ない顔だと思って。

Are you new here? I haven't seen you before.

452 宿題、手伝ってくれる？
Can you help me with my homework?

453 放課後は何する？
What are you doing after school?

454 タピオカ飲みに行かない？
Do you wanna get some bubble tea?

455 この歌聴いたことある？
Have you heard this song before?

456 かわいいバックパックだね！
That's a cute backpack!

457 1限目は暇？
Are you free first period?

458 一緒に帰ろう！
Let's walk home together.

459 手貸そうか？
Do you need help carrying that?

460 昨日の試合はよくやったね！
Great job at the game last night!

461 家に来て映画見る？
Wanna come over and watch a movie?

462 12時頃モールで会える？
Can you meet at the mall around 12?

463 ご両親はOKって言った？
Did your parents say it was okay?

464 付き合ってるって、彼らには知らせないでね。
Don't let them know we're dating.

465 一緒に来週のテスト対策しよう！
Let's meet up and study for the test next week.

466 服装を合わせよう。
Let's match our outfits.

467 オープンしたばかりのアイスクリームショップ行きたい？
Wanna go to the new ice cream shop that just opened?

468 1ヶ月記念日は何をしようか？
What are we gonna do for our one month anniversary?

469 門限はある？
Do you have a curfew?

470 明日は学校だからあまり遅くまでいないようにしよう。
Let's not stay out too late since it's a school night.

471 お揃いのパーカ着るのはどうかな？
What do you think about getting matching hoodies?

472 割り勘にする？

Do you wanna split the bill?

473 ランチは何を食べようか？

What should we get for lunch?

474 放課後電話してくれる？

Can you call me after school?

475 あそこで写真を撮ろう。

Let's take a picture over there.

476 この写真投稿する？

Should I post this pic of us?

477 同じ大学に行くべきかな？

Should we go to the same college?

478 遠距離恋愛でも大丈夫？

Are you okay with a long distance relationship?

479 ご両親に挨拶すべきかな？

Should I go and say 'hi' to your parents?

480 今日どうしても友達に会わないといけないの？

Do you have to meet your friends today?

481 ねえ、プロムに誘うの手伝ってくれる？

Hey, can you help me with my promposal?

482 あとで学校の前で会える？サプライズがあるんだ。
Can you meet me in front of the school later? I have a surprise for you.

483 プロム一緒に行かない？
Will you go with me to prom?

484 お互いに似合う色は何色かな？
What color do you think we'd look good together in?

485 リムジンは借りたほうが良いかな？
Should we get a limo?

486 何時に迎えに行こうか？
What time should I pick you up?

487 花／コサージュは好き？
Do you like the flowers / corsage?

488 どこに座ろうか？
Where should we sit?

489 踊りたい？
Do you wanna dance?

490 準備できた？
Are you ready to go?

491 なんで昨日返信してくれなかったの？

Why didn't you text me back last night?

492 何か気になることでもあるの？

Why are you acting weird?

493 さっきは誰と遊んでいたの？

Who were you hanging out with earlier?

494 あなたの DM にあるこの人はだれ？

Who is this person in your DMs?

495 付き合う準備できてる？

Are you ready to be in a relationship?

496 本当に怒ってるの？

Are you really mad?

497 ビデオチャットする？

You wanna video chat?

498 何も起こらなかったフリしない？

Can we just pretend that never happened?

499 二度としないって約束する。

I promise I won't do it again.

500 もう問題ない？

Are we okay now?

Chapter

4

Business Sentence

ビジネスのセンテンス

Chapter 4 では、ビジネスに関するセンテンスを学びます。企業の営業担当者が、新規顧客を獲得するまでのシチュエーションを想定しています。そこに至るまでの、ファーストコンタクト、プレゼン、ミーティング、交渉といった状況は、いろいろな業種や職種に幅広く適用できるものです。Chapter 1 で、センテンスは自分用にカスタマイズすることが大切だと言いました。この際、自分の仕事に関わる専門的な単語を洗い出してみるといいかもしれません。自分が深く関わるトピックのボキャブラリーを手に入れることで、表現できることが一気に増えます。

センテンスをカスタマイズするときは、出社から退社までの 1 日を丁寧に思い出してみるといいでしょう。「早朝:メールの返信」→「午前：To Do の処理」→「午後：商談・打ち合わせ」→「夕方：事務処理とメールの送信」→「夜:明日の To Do を確認」といったように。そのそれぞれをさらに細かくイメージして、自分が 1 日で口にする会話をすべて英語にする気持ちで、センテンス集をつくりましょう。

Calling the New Customer / Making First Contact：新規顧客の開拓

Topic 1

ビジネスのはじまりには緊張がともないます。最近はオンラインミーティングも増えていますが、相手の表情が見えない電話であれば、音声以外の情報がないので、こちらの要件はできるだけスムーズに伝えたいところです。コンタクトして、最初の打ち合わせを設定するまでを想定したセンテンスを集めました。

Sentence 1-50		Check ▼
1	もしもし、ケン・ヤマモトです。 Hello, this is Ken Yamamoto speaking.	□□□
2	ジョニー・スパルタさんはいらっしゃいますか？ I'd like to speak to Johnny Sparta, please.	□□□
3	株式会社スパルタ英会話のサチです。 I'm Sachi from Sparta English.	□□□
4	ジョニー・スパルタさんとお話しさせてもらえますか？ Could I speak to Johnny Sparta, please?	□□□
5	私は株式会社スパルタ英会話のタロウと申しまして、法人営業部門を担当しております。 I'm Taro from Sparta English and I'm in charge of the Corporate Sales Department.	□□□

6	人事担当の方はいらっしゃいますでしょうか？ May I speak to the person in charge of Human Resources?	□□□
7	ジョンソンさんの関係で（知り合いで）電話しました。 I'm calling in connection with Johnson.	□□□
8	電話した理由は〜です。 The reason I called is to ~.	□□□
9	〜の件でスパルタさんに依頼されて電話いたしました。 Mr. Sparta asked me to call him about ~.	□□□
10	名前のスペルをお伝えしましょうか？ Would you like me to spell my name?	□□□
11	彼［彼女］に私が電話したことを伝えていただけますか？ Could you tell him [her] I called?	□□□
12	彼［彼女］に折り返し電話するよう、伝えていただけますか？ Would you mind asking him [her] to call me back?	□□□
13	メッセージをお伝えいただくことは可能ですか？ Would I be able to leave a message?	□□□
14	伝言を預かってもらえますか？ Could you please take a message for me?	□□□
15	ありがとうございます。待ちます。 Thank you, I'll hold.	□□□

16	スパルタさんでいらっしゃいますでしょうか？ Is this Mr. Sparta?	□□□
17	お話しできて光栄です。 It's a pleasure to speak with you.	□□□
18	～の件で電話しました。 I'm calling in regards to ~.	□□□
19	～について話したくて、電話しました。 I would like to talk to you about ~.	□□□
20	折り返し電話してくださり、ありがとうございます。 Thanks for calling me back.	□□□
21	すぐにご連絡を返してくださって、ありがとうございます。 Thanks for getting back to me so soon.	□□□
22	先ほどお電話さしあげたのは～の件でした。 The reason I called earlier was ~.	□□□
23	先ほどは～するため連絡しました。 I called earlier to ~.	□□□
24	いま、お時間ありますか？ Do you have time right now?	□□□
25	そのほうがご都合がよければ、あとでかけ直すこともできます。 I call you back later if it's more convenient.	□□□

26	何時なら、ご都合がいいでしょうか？ What time are you available?	□□□
27	何時だといちばんご都合がいいでしょうか？ What time is the most convenient for you?	□□□
28	それなら、あとで折り返し電話しますね。 I'll call you back then.	□□□
29	午前 10 時に、折り返しお電話してもよろしいでしょうか？ Can I call you back at 10am?	□□□
30	先ほど軽くお話ししたように～。 As we discussed briefly earlier ~.	□□□
31	あなたにお会いするお時間をいただきたいです。 I'd like to make an appointment to see you.	□□□
32	いつがご都合いいですか？ When would be best for you?	□□□
33	来週のどこかでご都合のいい時間はありますか？ Could you manage sometime next week?	□□□
34	どの日がいちばん良いでしょうか？ Which day suits you best?	□□□
35	午後 4 時はどうでしょうか？ How does 4pm sound?	□□□

36 私がオフィスにお伺いします。
I'm happy to come to your office.

37 オフィスか、どこか違うところか、どこでお会いしましょうか？
Would you like to meet in the office or somewhere else?

38 予定を変えていただくことは可能でしょうか？
Could we reschedule our appointment?

39 緊急を要する事態が発生しました。
Something urgent has come up.

40 ミーティングを進めてもらえますか？
Are you able to bring the meeting forward?

41 月曜日までミーティングを延期してもよろしいでしょうか？
Could we postpone the meeting until Monday?

42 数日ミーティングを後ろ倒ししてもよろしいでしょうか？
Can we push the meeting back a few days?

43 確認ですが、ミーティングは月曜の午後２時でよろしいでしょうか？
So just to confirm, the meeting will be Monday 2pm.

44 企画書を事前に送ります。
I'll send a proposal in advance.

45 以上で終わりとなります。
I think that's everything.

46	何か他に重要な点はありましたでしょうか？ Have I missed anything important?	☐☐☐
47	お時間ありがとうございます。 Thank you for your time.	☐☐☐
48	来週お会いできるのを楽しみにしています。 I look forward to meeting you next week.	☐☐☐
49	何かご質問等ありましたらお気軽にお電話くださいませ。 If you have any queries, please don't hesitate to call me back.	☐☐☐
50	さようなら、良い週末を！ Goodbye. Enjoy your weekend!	☐☐☐

関連単語

☐役職＝position　☐人事担当＝HR representative　☐人事事務担当＝HR administrator
☐経理担当＝accounting　☐販売員＝sales associate　☐営業部員＝sales representative
☐広報担当＝public relations　☐マーケットリサーチャー＝market researcher
☐プログラマー＝programmer　☐システム管理者＝system administrator
☐部長＝manager / director　☐副部長＝assistant manager / sub manager
☐支社長＝general manager　☐代表取締役＝executive director　☐社長＝president
☐最高経営責任者＝CEO（Chief Executive Officer）

Small Talk / Building the Relationship：雑談・信頼関係の構築

Topic 2

初対面でのアイスブレークや、打ち合わせの合間での雑談に役立つセンテンスを集めました。こういうセンテンスで打ち解けることで、自分自身も少しリラックスして英語で話せるようになるという効果があります。友好的な人柄が相手に伝われば、今後のビジネスも進めやすくなります。

Sentence 51-100		Check ▼
51	お会いできて光栄です。 It's good to see you.	□□□
52	お元気ですか？ How are you doing?	□□□
53	元気です。ありがとうございます。 I'm doing well, thank you.	□□□
54	フライトはどうでしたか？ How was your flight?	□□□
55	少し疲れました。 It was a little tiring.	□□□

56 会ってくださってありがとうございます。
Thank you for meeting me.

57 どういたしまして。
No worries, it's my pleasure.

58 何かお飲物はいりますか？
Would you like something to drink?

59 ありがとうございます。コーヒーをお願いします。
If you don't mind, a coffee please.

60 東京に来るのは初めてですか？
Is this your first time visiting Tokyo?

61 実は２回目です。
Actually, this is my second time.

62 週末の予定はありますか？
Do you have any plans for the weekend?

63 今週末は家族と海水浴に行きます。
I'm going to the beach with my family this weekend.

64 最近忙しかったですか？
Have you been busy recently?

65 最近はとても遅くまで働いています。
I've been working really late recently.

66 大丈夫ですか？しっかり休んでくださいね。
I'm sorry to hear that, you should get some rest.

67 出張でドイツへ行きます。
I'm going on a business trip to Germany.

68 そうなんですか？いいですね！いつ行くんですか？
Oh? Great, when are you going?

69 今週末は何をしましたか？
What did you get up to this weekend?

70 友達と隅田川の祭りに行きました。
My friends and I went to the Sumida River Festival.

71 楽しそうですね！どうでした？
That sounds great. How was it?

72 とっても混んでいましたが、イベントは素晴らしかったです。
Very crowded but the event was amazing.

73 最後に東京に来たのはいつでしょうか？
When was the last time you came to Tokyo?

74 10年前でしょうか。
It was about 10 years ago.

75 何のために来られたんですか？
What were you here for?

76 ２週間ホームステイをしました。
I did a homestay for two weeks.

77 そうなんですね！どうでしたか？
Really! How was that?

78 とても興味深かったですが、うまくコミュニケーションが取れませんでした。
It was really interesting, but I couldn't communicate very well.

79 もともとはオーストラリアのシドニーから来ました。
I'm originally from Sydney, Australia.

80 オーストラリアには行ったことがありません。シドニーはどんな感じなんですか？
I've never been to Australia. What's Sydney like?

81 海外はどこに行ったことがありますか？
Where have you travelled overseas?

82 フランス、イギリス、シンガポール、韓国には行ったことがあります。
I've been to France, England, Singapore, and South Korea.

83 私もフランスに行ったことがあります。フランスのどこに行きましたか？
Oh, I've been to France too. Where did you go?

84 パリとマルセイユに行きました。
I went to Paris and Marseille.

85 パリに行ったばかりです。ルーブルに行きましたか？
I was just in Paris. Did you visit The Louvre?

86 行きましたが、日帰りでした。
Yes, I did. But only a day trip though.

87 私もです。どうでしたか？
Me too. What did you think?

88 とても巨大なビルで、いままで見たなかで、いちばん美しい芸術でした。
It was an enormous building, and the art was the most beautiful I've ever seen.

89 間違いないですね。
Yeah, definitely.

90 とっても美しかったです。
It was so beautiful!

91 休みの日は何をしていますか？
So, what do you like doing in your free time?

92 最近はスノーボードをするのが好きです。
Nowadays, I enjoy snowboarding.

93 いいですね！どれくらいスノーボードをやっているんですか？
Nice! How long have you been snowboarding for?

94	だいたい３年くらいです。 For about three years.
95	結構長いんですね。どれくらい頻繁に行くんですか？ That's quite long then. How often do you go?
96	あんまり行かないです。２週間にいちどくらいです。 Not really. Oh, once every two weeks.
97	そのネクタイ好きです！似合ってますね！どこで買ったんですか？ I like your tie, it really suits you. Where did you get it?
98	ありがとうございます。新宿にあるお店で買いました。 Oh, thank you. I bought this one from a shop in Shinjuku.
99	いいですね。そこでよく買い物されるんですか？ Nice. Do you often shop there?
100	あんまりしないです。普段は家の近辺で買い物します。 Not really. I usually go somewhere closer to home.

関連単語

□出張＝business trip　□出張滞在を伸ばす＝extend the business trip

□出張お気をつけて＝Have a safe trip

□Aさんはオフィスを不在にしています＝A is away from the office

□Aさんは金曜日に戻ります＝A will be back on Friday

□どこに滞在していますか？＝Where are you staying?

Presentation / The Pitch：プレゼンテーション

Topic 3

「pitch」は「pitcher（投手）」の「pich」で、「投げる」という意味があります。ビジネスでは、「言葉の投げかけ」つまり、売り込みのきっかけをつくる提案や、ちょっとしたプレゼンといった意味があります。見込み顧客には、会社のビジョンやプロジェクト、商品について説明することになります。対面でのプレゼンも、多数を相手にしたプレゼンもありますが、プレゼンのいいところは、話す内容をシナリオ化しておいて、こちらが一方的に話すことができるところです。

Sentence 101-150		Check ▼
101	こんばんは。本日、ここに来られたことを嬉しく思います。 Good evening, I am delighted to be here today.	□□□
102	こんにちは、まだ何名か来席されていないようですが……。 Hi everyone, I think we might still be missing a few people, but...	□□□
103	本日は来ていただけたことを嬉しく思います。 I appreciate you being here today.	□□□
104	おはようございます。私の自己紹介から始めたいと思います。 Good morning everyone, let me start by introducing myself.	□□□

105 初めはソフトウェアの開発者でしたが、いまでは管理職の立場としてそれ以上のことを行っています。

I was a software developer, but now I work more in a management position.

106 今日はパートナーシップを築く利点について話したいと思います。

Today, I'd like to talk about the benefits of establishing a partnership.

107 こちらでは会社の概要について話したいと思います。

I'm here to talk about my company.

108 今日のプレゼンテーションは広報の計画についてです。

Today's presentation will be focused on our public relations plans.

109 みなさんもご存じのとおり、今日は〜について話したいと思います。

As you all know, I am going to be talking to you about ~.

110 このプレゼンテーションでは、〜について説明したいと思います。

In this presentation, I am going to talk you through some ~.

111 次の 45 分で〜について話したいと思います。

For the next 45 minutes, I am going to be speaking to you about ~.

112 セッションの終わりには、～についての知識がもう少しついているでしょう。

By the end of this session, you will all know a little more about ~.

113 プランや本日お話ししたいことをまずは共有することが役に立つと思っています。

I thought it would be helpful to share a plan or what I'd like to cover today.

114 45分しかないので、説明は手短にしたいと思います。

Since we only have 45 minutes to discuss this topic, I'm going to keep things brief.

115 3つに分けてお話をしたいと思います。

My talk is divided into three parts.

116 では始めましょう！

Let's kick things off.

117 まずはじめに、わが社の歴史について話したいと思います。

Firstly, I would like to talk about our company's history.

118 我々は日本国内で19年以上にわたって成長し続けている会社です。

We are an expanding company with over 19 years of success in Japan.

119 現在は800人以上の従業員がいて、全国に60の店舗を構えています。
Currently we employ over 800 people and have 60 stores across the country.

120 2003年にアメリカで研究開発オフィスを設立したことについても、参考になればと思います。
You might also be interested to learn we established a Research & Development (R&D) office in the US in 2003.

121 次に、会社の現在のマーケットポジションについて話したいと思います。
Next, I'll look at my company's current market position.

122 小規模な会社のITシステムを修正するだけでなく、〜もします。
Not only do we repair IT systems for small businesses but we also ~.

123 最近では、製造業とサービス業のクライアントが多くいました。
Recently, we have had many clients in the manufacturing and service industries.

124 私たちは、ホテル、航空運賃などを含む旅行の計画をお客様が管理するための、予約システムを開発しました。
We developed the booking system that customers use to organize their holidays, including hotels, airfares, and more.

125 こちらのグラフをご覧になれば、SWOT分析がわかると思います。
If you look at this graph, you will see the SWOT analysis.

126 こちらのグラフからは、〜がわかると思います。

From this chart, we can understand how ~.

127 IT 業界は急速に成長しています。市場は 223 億ドル規模で、2025 年までには 400 億ドルの価値になる見込みです。

The IT industry is growing rapidly. The market is worth $22.3 billion and is projected to be worth $40 billion by 2021.

128 最後に、会社の目標について話して終わりたいと思います。

Finally, I'll finish on my company's future goals.

129 さて、会社がどこに向かっていっているかについて話したいと思います。

Now I will talk about where the company is heading.

130 我々の提供するサービスを広げていくことが大事だと考えています。

We believe that we have to keep expanding the services we offer.

131 5 年後の売上目標は 1000 億円です。

The sales target in five years is 100 billion yen.

132 アジアでの売上高比率を、70%にまで高めます。

We will increase the sales ratio in Asia to 70%.

133 アジアのマーケットに大きな期待を抱いています。

We have big ambitions for the Asian Market.

134 皆さまご存じのとおり、新製品としてすでに登録しています。

As you are all aware, we have already registered our new products.

135 このアプローチには５つのメリット（強み）があります。まず始めに、～次に、～３番目に、～。

There are five main advantages to this approach. firstly,~ secondly,~ thirdly,~.

136 それぞれの選択肢の長所と短所を見ていきたいと思います。

I would now like to look at the advantages and disadvantages of each option.

137 それぞれのポイントについてまとめたいと思います。

I would like to present a summary of each option.

138 これで最後のトピックになります。

This brings me to my final topic.

139 我々の会社の将来的な目標は～することです。

Our company's goal for the future is to ~.

140 将来的な目標については以上になります。

I will now end on our future goal.

141 私が話したことをまとめると～。

So to summarize the main points of my talk ~.

142 今日の要点は〜。

The main takeaways are the following ~.

143 よって、パートナーシップを組むことは両社にとってメリットがあると思います。

Due to this, we believe that partnering is the best fit for both of our companies.

144 弊社一同、この仕事についてとても期待しており、ご一緒にビジネスできることを楽しみにしています。

We are all very excited about this job and look forward to working with you.

145 もうお時間なので、本日はこれくらいにしましょうか。

Well, that's just about all we've got time for today.

146 これで私のプレゼンテーションは終わりになります。

Well, that concludes my presentation today.

147 では質疑応答に移っていきたいと思います。

I will now answer any questions.

148 質問等ございましたらお気軽にお申し付けください。

If you have any questions, please do not hesitate to ask.

149 ご静聴ありがとうございました。本日はお招きいただきありがとうございました。

Thank you all for listening, it was a pleasure being here today.

150 これでプレゼンテーションは終わりになります。ご静聴ありがとうございました。

That brings me to the end of my presentation, thank you for listening.

関連単語

□導入＝introduction　□本題＝main part　□結論＝conclusion

□このグラフが示すのは＝this graph shows　□円グラフ＝pie graph

□結果として〜＝as a result ~　□配布資料＝handout

□実演・デモンストレーション＝demonstration　□調査＝survey　□統計＝statistic

Discussion & Negotiation
: ディスカッションと交渉

Topic 4

初回のプレゼンテーションの後は、先方に検討してもらい、現実的な交渉を重ねていくことになります。先方からは具体的な条件など、込み入った質問を受けることもあります。こちらもそれに応じつつ、うまく交渉が成立するように折り合えるポイントを探っていくことになります。押し切られないよう、こちらの主張は明確にしておきましょう。場合によっては、いったん会社に持ち帰って、社内のほかの関係者と協議する必要も出てきます。

Sentence 151-200

Check ▼

151	みなさま、ようこそ！ I'd like to welcome everyone!	□□□
152	みなさまお揃いのようですので、はじめたいと思います。 Since everyone is here, let's get started.	□□□
153	みなさま、本日はお越しいただき、ありがとうございます。 I'd like to thank you all for coming today.	□□□
154	今日は〜について議論したいと思います。 Today, we are here to discuss ~.	□□□
155	今朝は〜について話したいと思います。 This morning, we are here to talk about ~.	□□□
156	ジョニー・スパルタと申します。今日はこのミーティングを〜のために開催いたしました。 My name is Johnny Sparta, and I arranged this meeting because ~.	□□□
157	みなさまお忙しいと思いますので、このミーティングは手短にしたいと思います。 I'll keep this meeting brief as I know you're all busy.	□□□

158 テーブルの並び順に回って、自己紹介しましょう、鈴木さんからお願いします。

Let's go around the table and introduce ourselves, Mr. Suzuki, would you like to start?

159 お互いに自己紹介しましょう。お名前と役職と本日のご担当を教えてください。

Let's introduce ourselves, please state your name, job title and why you are here.

160 人事部の田中さんです。田中さんは～について話してくれます。

This is Ms. Tanaka. She works in the HR department, and she's going to talk about ~.

161 今日は～のためにミーティングをさせてもらいました。

I've called this meeting in order to ~.

162 協議事項はいくつもありますが、～から始めたいと思います。

There are number of items on the agenda. First ~.

163 今日は計画についての概要をつくりたいと思います。

Today, I would like to outline our plans.

164 私の意見では、１つ目の提案は～。

In my opinion, suggestion one would be ~.

165 ～をしたほうがいいと思います。

I think that we should do ~.

166 ２つ目の提案は〜になると思います。
I believe that suggestions two would ~.

167 すみません、〜をはっきりして欲しいです。
Sorry, but just to clarify ~.

168 すみません、よく聞こえなかったので、もういちど言ってもらえますか？
Sorry I didn’t quite hear that, can you say it again?

169 それは素晴らしい点ですね！〜をするのはどうでしょう？
That’s an excellent point, what about doing ~.

170 私の観点では、〜は少し複雑な気がします。
From my perspective, it’s a little complicated ~.

171 話を遮ってすみません。
Excuse me for interrupting.

172 そのような考えをしたことは、いままでになかったです。
I’ve never thought about it that way before.

173 もう少し簡単にそれを説明できますか？
Can you repeat that in a simpler way.

174 おっしゃっていることが完全に理解できないので、違う方法で説明してもらえないでしょうか？
I don’t fully understand what you mean. Could you explain that in a different way please?

175 はっきりさせたいのですが、〜ということでよろしいでしょうか？

Just to be clear, do you mean this ~.

176 実際はそうなのかわかりません。

I don't know if that's true.

177 私もそう思います。

I think so too.

178 そうは思いません。

I don't think so.

179 賛成です。

I agree with you.

180 私は賛成ではないです。

I don't agree with you.

181 何か他にありませんか？

Are there any more comments?

182 この提案についてどう思いますか？

What do you think about this proposal?

183 このプロジェクトで不十分な点はないでしょうか？

Are there any areas of this project we are not thinking about?

184 次は田中さんに～について説明してもらいたいと思います。

I will now pass over to Ms. Tanaka who will ~.

185 田中さんが引き継いで、～について話してくれます。

Ms. Tanaka will now take over and talk about ~.

186 いま話していた点について終わらせたいので、後でそのポイントに戻ってもいいですか？

Can we come back to that point later? I just want to finish what I was saying.

187 あなたが言いたいことはわかりますが、私の部長がはっきりと言っています。

I understand what you're saying. However, our senior manager was very clear on this one.

188 あなたのポジションもわかりますが、他の選択肢についても話し合えますか？

I understand your position on that, but can we discuss some other alternatives?

189 あなたが言っていることは理解できますが、～については検討しましたか？

I agree with what you're saying. However, have you considered ~.

190 他の選択肢として～はどうですか？

How about this as an alternative ~.

191 残念ながらこれは会議の内容から外れていると思います。
I'm afraid that's outside the scope of this meeting.

192 論点から外れたので、議題に戻りましょう。
We've gone off topic, let's get back to the main point.

193 全部話し終えていないので、再度会議を設定したいと思います。
We haven't covered everything we need to, shall we set up another meeting?

194 この議題については、次のミーティングで続けたいと思います。
I'd like to continue this conversation in a second meeting.

195 すみません、会議がもう１つあるので、お先に失礼します。
Sorry, I'm going to have to leave now, I have overlapping meetings.

196 すみません、申しわけないのですが、～があるのでお先に失礼したいと思います。
Excuse me, unfortunately I have to leave. I need to ~.

197 遅れてすみません。～していて。
Excuse me for being late, I was ~.

198 会議を終える前に他に話しておきたいことはありませんか？
Any final thoughts before we end the meeting?

199	さらに何か質問や意見がございましたら個人的に伝えてもらうか、メールでおしらせください。 If you have any further questions or concerns, we can meet privately or you can send me an email.	□□□
200	みなさまお時間ありがとうございました。 Thank you all for your time, it was great coming together today.	□□□

関連単語

□手短な＝brief　□紹介する＝Introduce　□述べる＝state

□（会社・企業などの組織上の）部・部門＝Department　□協議事項＝agenda

□観点・考え方＝perspective　□遮ぎる・中断する＝interrupt

Finalizing the Contract：成約する

契約が前提になれば、細かい取り決めと、お金などの条件の確認が必要になります。契約に盛り込むべき事項の確認を漏れなく行うと同時に、条件面が少しでも有利に進むよう気を抜かずに進めましょう。

Sentence 201-250

Check ▼

201 はじめましょうか。〜について話したいと思います。
Shall we begin? We are very interested in ~.

202 目的と目標についての概要を説明したいと思います。
We would like to outline our aims and objectives.

203 〜について考えていただけますか？
Woud you consider ~?

204 残念ながらそれには賛成できません。
I'm afraid we can't agree to that.

205 残念ながらそれは実行可能ではなさそうです。
I'm afraid that's not feasible.

206 少し懸念する点があります。
I have some reservations about that.

207 そちらの点につきましては容認できません。
No, those terms are unacceptable to us.

208 それには興味はないです。
We are not interested.

209 あなたの立ち位置はわかるのですが、〜。
We understand your position, however ~.

210 〜により、我々はそれについては賛成できません。
I'm afraid we couldn't agree to that. This is due to the fact ~.

211 これの主要なポイントは、〜だからです。
One of the key reasons for this is ~.

212 〜くらいで考えていました。
Well, we were hoping for something around ~.

213 他の選択肢として〜はどうですか？
How about ~, as an alternative.

214 〜はどうでしょう？
May we offer an alternative? How about ~?

215 どれくらい〜について融通できますか？
How flexible are you on ~.

216 〜と変更するのはどうでしょう？
How about we alter ~.

217 それを考慮したうえで、〜を提案します。
Considering that, I would like to suggest ~.

218 私たちの観点からは〜。
From our perspective ~.

219 これについての解決策は３つのアイディアを基盤にしています。
I am basing my solution on three ideas.

220 〜したいかもしれないです。
We might like to ~.

221 最優先事項は〜です。
Our main priority is ~.

222 私たちの意図することは〜。
Our intention is ~.

223 私たちの最も重要な問題点は〜。
The most important issue for us is ~.

224 〜について、詳しくはどういう意味ですか？
What exactly do you mean by ~.?

225 〜だと提案しているのですか？
Are you suggesting that ~?

226 言い換えれば、〜だということですか？
In other words, you mean that ~.

227 もっと詳しく説明してもらえますか？
Could you be more specific?

228 妥協していただくことは可能ですか？
Would you be willing to accept a compromise?

229 妥協点はありますか？
Could you meet us halfway?

230 ～までしか下げられません。
I'm afraid we can only go as low as ~.

231 最低限のラインは～までです。
Our absolute bottom line is ~.

232 100 万円なら出す準備はできています。
We are prepared to offer you one million yen.

233 私たちの受託できる予算は～です。
From where we stand, an acceptable price would be ~.

234 申しわけないのですが、その決断は私１人ではできかねます。
I'm afraid I can not make that decision by myself.

235 チームの意見をまず聞かないとなりません。
I will have to consult with my team first.

236 もっと検討して、こちらから改めてご連絡したいと思います。
I will need to think about it more and come back to you later.

237 ～の条件下なら、申し出を受けることは可能かもしれません。
We may accept your offer on the condition that ~.

238 それなら受容できると思います。
I think that will be acceptable.

239 それらの点については同意できると思います。
I agree with you on that point.

240 それはいい点をついていますね。
That's a good point.

241 それはいい提案ですね。
That's a fair suggestion.

242 ～を購入したいと考えています。
We would like to purchase ~.

243 とってもいいと思います！
That sounds great to us!

244 まとめましょう。
Let's wrap this up.

245 何か他に忘れていることはないですか？
Have I left anything out?

246 すべてについて、話したと思います。
I think we have covered anything.

247 署名する準備はできています。
We are ready to sign.

248 素晴らしい！取引成立ですね！
Excellent! I think we have a deal.

249 次に進んで、詳細については弁護士に見てもらいましょう。
Let's move forward and let the lawyers look at the fine print.

250 互いに有益な契約になると思います。

I'm glad we reached a mutually beneficial agreement.

□□□

関連単語

□提案＝proposal　□変更する＝alter　□代替案＝alternatives

□柔軟な・融通のきく＝fixable　□概要＝outline　□実現可能な＝feasible

□懸念・予約＝reservation　□優先＝priority　□意図＝intention　□詳細＝specific

□妥協＝compromise　□互いに＝matually

Chapter

5

Original Sentence

オリジナルのセンテンス

Chapter 5では、自分だけのオリジナルのセンテンス集をつくるときの参考になるように、サンプルケースを2つ紹介します。1つ目はアパレル業界の販売員、2つ目はIT業界のプロジェクトマネージャーという設定です。

サンプルを見れば、おわかりいただけますが、同じビジネス英語と言っても、業種や職種によって、使うボキャブラリーもセンテンスも全然違います。それだけではありません。ビジネスパーソンと学生、あるいは観光客でも、使うセンテンスはまったく違うでしょう。どんなシチュエーションであっても、スラスラと英語で会話できるようになれたら、それがベストですが、最初は自分がよく使いそうなセンテンスから覚えていくほうが、はるかに効率がいいのです。自分が直面しがちなシチュエーションを映像で見るように細かくイメージトレーニングし、センテンス集をつくりましょう。英文チェックをしてくれる人が身近にいないなら、翻訳会社に依頼するという手もあります。

The Sales Associate & The Customer
:販売員と顧客

あなたがアパレルの販売員で、英語を話すお客さんの接客をするとしたらどうでしょうか？　普段、日本語での接客で使っている会話から、どういう英語が必要になるかを考えてみてください。
(**S**＝販売員　**C**＝顧客)

Approaching the Customer：話しかける

S：こんにちは。何かお探しですか？
Hi, may I help you?

C：はい、カジュアルで明るい色のシャツを探しています。
Yes, I'm looking for a casual shirt in a bright color.

S：サイズとご予算をお伺いできますか？
What size are you looking for and what's your budget?

C：Sサイズで、8,000円ほどでさがしています。
Size small and my budget is around 8,000 yen.

関連単語　□formal＝フォーマルな　□stylish＝スタイリッシュな　□plain＝地味な
□feminine＝女性らしい　□ellegant＝エレガントな　□gorgeous＝ゴージャスな
□comfortable＝快適な

Proposal：提案

S：そうですね。こちらはいかがですか？
I see. How about this one?

C：はい、素敵ですね。（体にあわせて……）どうですか？
Yes, that looks nice. (holding it up to your body) What do you think?

S：わぁ、とてもおきれいですね。サイズはいかがですか？
Wow, that looks really beautiful on you! How is the size?

C：うーん、少し大きいかもしれません。
Hmm... it's a little big, don't you think?

S：そうかもしれません。ですがこちらがすでにいちばん小さいサイズです。ベルトで留めてみてはいかがですか？
Yes, I think so too. But this is already the smallest size. How about trying it on with a belt?

C：ええと、やめておきます。ほかにおすすめはありますか？
Well...I'll leave it. Do you have any other recommendations?

S：このシャツはこれからのシーズンにぴったりです。試着なさいますか？
This shirt is very suitable for the coming season. Would you like to try it on?

関連単語
□tight＝きつい　□loose＝ゆるい　□a perfect fit＝ぴったり
□It suits you＝あなたに似合う　□to look good in pink＝ピンクが似合う
□blazer＝ブレザー　□fleece＝フリース　□polo shirt＝ポロシャツ
□jeans＝ジーンズ　□chino pants＝チノパンツ　□sweater＝セーター
□sweat shirt＝トレーナー　□jacket＝ジャケット　□suit＝スーツ
□dress＝ドレス　□pants＝ズボン　□skirt＝スカート

Purchasing & Checking Stock
：購入と在庫確認

C： 免税で色違いのものを２つ購入できますか？

Can I buy two of these in different colors tax free?

S： あと1,000円以上のご購入で、免税になります。お調べしたところ、申しわけございませんが、当店には残り１つしかありません。近くの店舗に在庫があるか調べることができます。

If you spend 1,000 yen more, it will be tax free. After checking, I'm sorry, but we only have one left at this store. I can check if we have stock at a nearby store.

C： 良いですね。お願いします。

That sounds great.

S： （在庫を確認して……）お待ち頂きまして、ありがとうございます。近くの店舗に在庫がありましたので、スタッフがこちらの店舗に運んでおりますので、しばらくお待ちください。

(checks stock…) Thank you for waiting. A store closeby has it, so one of our staff will go get it. Please wait a moment.

関連単語
☐ fitting room＝試着室　☐ out of stock＝在庫切れ
☐ three days to have it ready＝3日かかる　☐ on sale＝セール
☐ not on sale＝セール除外品　☐ for your personal use＝自宅用
☐ receipt＝レシート　☐ signature here＝ここにサインする

Returns & Exchanges：返品と交換

C：ところで先週スカートを購入したのですが、交換できますか？
Also, I bought a skirt here last week, but I want to exchange it.

S：何か商品に問題がございましたか？
Was something wrong with the item?

C：ちょっと汚れがありました。
There was a small stain.

S：すみません、在庫がそれ以外ないので、返品させていただければと思います。レシートと商品をお持ちですか？
I'm sorry, but this is the last one in stock. We can refund it for you. Do you have your receipt and your purchase?

C：はい、こちらです。それらは別々に包んでもらえますか？
Yes, here they are. Could you wrap them separately?

S：承知しました。お支払いはどのようになさいますか？
Sure. How would you like to pay?

C：クレジットカードで払います。
I'll pay by credit card.

関連単語
□返品＝return　□返金＝refund　□交換＝exchange　□小さすぎる＝too small
□大きすぎる＝too big　□思っていたのと違う＝Not what I expected
□返品はお断りします＝No returns.

The Project Manager in IT Company & The Client

: IT 企業のプロジェクトマネージャーとクライアント

あなたはIT企業でプロジェクトマネージャーをしています。新しく社内にITソリューションを導入しようと検討しているクライアントにアプローチをかけます。商品の強みをまずは日本語で振り返り、それをアピールするときの会話を英語のシナリオにしてみましょう。
（**C**＝クライアント　**M**＝プロジェクトマネージャー）

Showing the Strengths of Our System
: システムの強みをアピールする

C： はじめまして。ジョニー・スパルタと申します。ようこそお越しくださいました。私は人事部門の責任者です。
Hello, it's nice to meet you. I'm Johnny Sparta. Welcome to Sparta Company. I am the head of our Human Resources department.

M： 本日はお招きいただきありがとうございます。小森まさと申します。株式会社AIソリューションズのRPA（ロボティック・プロセス・オートメーション）プロジェクトマネージャーとして勤めています。今日は、ご興味を持っていただいている弊社のシステムについて、ヒアリングさせていただきたいと思っています。
Thank you for having me today. My name is Masa Komori. I work

at AI Solutions as the project manager of RPA (Robotic Process Automation) solutions. I believe today we were going to discuss your company's interest in our systems?

C：はい。スタッフがより多くの人とのやりとりに集中できるように、業務効率化を図りたいと考えています。
Yes, we want to lower repetitive and transactional tasks so our staff can focus on more person-to-person interactions.

M：テクノロジー分野には、御社と同様のニーズを持つクライアントが複数います。今日はクライアント事例と、クライアントのために何ができたかをご紹介します。
We have several clients in the technology sector that had similar needs. I can show you case studies and what we were able to do for them.

C：それはいいですね。実はいま、似たような企業をいくつか見ているのですが、AIソリューションズの特徴は何ですか？
That's great to hear. Actually, there are a couple of companies we are looking into at the moment. How is AI Solutions different?

M：弊社はさまざまな業界にクライアントがおり、完全に統合されたソリューションの構築を支援してきました。使いやすさと迅速なROIについて、すべてのクライアントからご好評をいただいております。
We have clients in a variety of industries and have helped them build fully-integrated solutions. All of our clients have commended us on the ease of use and fast ROI.

C：では弊社のニーズにピッタリのシステムをご提案していただけるということでしょうか？

So then, you are able to offer us a system that is specifically tuned to our organization's needs?

M：もちろんです。 私たちはこれを達成するためにすべてのクライアントと緊密に連携しています。

Yes, exactly. We work closely with all of our clients to achieve this.

C：いいですね。弊社と同様の課題を抱えていたクライアントについて詳しく教えていただけますか？

Great, could you tell me more about previous clients with cases similar to ours?

関連単語

□繰り返し＝repetitive　□取引の・業務の・処理の＝transactional
□さまざま（の）・いろいろ（な）＝variety　□客・クライアント＝client
□industryの複数形／産業・工業・製造業＝industries
□統合した・完全な＝integrated
□commendの過去形、または過去分詞／ほめる・推賞する＝commended
□容易さ・平易＝ease　□明確に・はっきりと・特に＝specifically
□接近して・ぴったりと＝closely　□成し遂げる＝achieve
□前の・以前の＝previous　□人事＝HR　□議事録＝minutes
□ベンチャー企業＝start-up　□年度＝fiscal year
□テレビ会議＝teleconference　□予算＝budget　□組織＝organization

Chapter

6

Grammar Review Sentence

文法復習のセンテンス

Chapter 6では、中学・高校で学習する英文法を簡単に復習します。学校の授業で、英文法の説明を理解することができず、それがきっかけで英語に苦手意識を持つようになる方はとても多くいらっしゃいます。実際、英文法は丁寧に説明されたとしても、たとえば英語の時制や助動詞のニュアンスを感じ取るのは難しいものです。とりあえずは「そういう文法事項がある」という程度の感覚で最低限のルールを頭に入れておく。それだけでじゅうぶんです。あとは多くのセンテンスに触れていくことで、英語表現の微妙なニュアンスや感覚を感じ取れるようになっていくものです。しばらく経ってから、学校の授業で聞いたことが腑に落ちるということがよくあるのです。

Lesson 1

Be動詞：現在形

英語の文章を作るとき、欠かさず必要になるのが動詞です。動詞には、「活用」という重要な要素があります。動詞は、「一般動詞」と「Be動詞」に分けられます。今回は、Be動詞の活用をマスターしましょう。

1-1 現在形

▼ 現在形の基本

現在形では、主語によってBe動詞が変化（活用）します。

人が主語	I	You	He	She	We	They
Be 動詞	am	are	is	is	are	are

物が主語	It	This	That	They	Those	These
Be 動詞	is	is	is	are	are	are

▼ Be動詞現在形の注意点

上の表のように、「am」というBe動詞は、主語が「I」のときにしか使われません。主語が「I」以外のとき、Be動詞は「is」か「are」です。覚えてしまいましょう。

▼ 自己紹介を表してみよう

■ 職業を伝える（Be動詞＋名詞）

□ I am a consultant. —— 私はコンサルタントです。

■ 誰なのかを伝える（Be動詞＋名詞 ／ Be動詞＋形容詞）

☐ I am Japanese. —— 私は日本人です。

☐ My name is Hiro. —— 私の名前はひろです。

▼ 他己紹介をしてみよう

■ 職業を伝える（Be動詞＋名詞）

☐ He [She] is a salesperson. —— 彼［彼女］は営業担当です。

■ 誰なのかを伝える（Be動詞＋名詞 ／ Be動詞＋形容詞）

☐ She is American. —— 彼女はアメリカ人です。

☐ His name is Daniel. —— 彼の名前はダニエルです。

1-2 人や物の特徴を表現する

▼ 形容詞の基礎

形容詞を使い、人や物の特徴を表現できるようにしましょう。

人が主語	I	You	He	She	We	They
Be 動詞	am	are	is	is	are	are

物が主語	It	This	That	They	Those	These
Be 動詞	is	is	is	are	are	are

形容詞の例	忙しい	興味深い	賢い	良い	背が高い	悪い
	busy	interesting	smart	nice	tall	bad

■ 人が主語

□ I am busy. —— 私は忙しいです。

□ He is smart. —— 彼は賢いです。

■ 物が主語

□ This is interesting. —— これは興味深いです。

□ That is nice. —— いいですね。

1-3 人や物の「存在」を表現する

「There is / There are (～があります・います)」という表現で、人や物の「存在」を表すことができます。

▼ 日常会話では

■ 存在する人、物が単数の場合

□ There is a cat. —— 猫が1匹います。

■ 存在する人、物が複数の場合

□ There are two cats. —— 猫が2匹います。

□ There are six students. —— 生徒が6人います。

Lesson 2

Be動詞：過去形・未来形

過去形

過去に起こった話をする際は、動詞を過去形に変えます。Be動詞の過去形は、「is / am → was」「are → were」のみを覚えておけば大丈夫です。

未来形

未来の話をするときは、「will」か「be going to」を動詞の前に付けます。「will」は「その瞬間、自分の意思で決めた未来」、「be going to」は「決まっている予定」を表します。現在進行形（→173ページ）は、「いま、していること」と「近い予定」を表現することができます。

2-1 過去形

▼ 過去形の基礎

Be動詞の過去形は、下の表のとおりです。Be動詞の過去形で現在形と同様に職業、人や物の特徴、存在を表せます。

Be 動詞の活用							
	I	You	He	She	It	We	They
過去	was	were	was	was	was	were	were

▼ 過去を表す言葉

過去形の文には、過去を表す言葉を伴うことがほとんどです。下記のような言葉を使って、過去の話がいつのことなのかを伝えることができます。

■ **yesterday**

□ I was sick yesterday. —— 昨日、私は病気だった。

■ **ago**

□ He was a student two years ago. —— 2年前、彼は学生だった。

■ **last night**

□ They were busy last night. —— 昨夜、彼らは忙しかった。

▼ 日常会話では

■ **Be動詞＋形容詞**

□ I was busy. —— 私は忙しかった。

□ That meal was delicious. —— その食事はおいしかった。

■ **Be動詞＋名詞**

□ I was a soccer player. —— 私はサッカー選手だった。

2-2 未来形・現在進行形

▼ 未来形の基礎

未来について文章を作るには、「will＋原形Be動詞」もしくは、「be going to＋原形Be動詞」を使います。

■ **will（自分で決めた意思）**

□ I will be a teacher. —— 私は教師になります。

■ **be going to（予定）**

□ It is going to be a hot day. —— 暑い1日になります。

Lesson 3
Be動詞：否定文・疑問文

Be動詞の否定文、疑問文の作り方を学びます。

3-1 否定文

▼ 否定文の作り方

否定文は、Be動詞の後ろにnotをつけることで作ることができます。「be＋not」で、Be動詞で表現できることを否定する役割があります。

■ 現在形の否定文（be＋not）

□ I am a student. ―― 私は学生です。

▶▶ I am not a student. ―― 私は学生ではありません。

■ 過去形の否定文（be過去形＋not）

□ I was a student. ―― 私は学生でした。

▶▶ I was not a student. ―― 私は学生ではありませんでした。

■ 未来形の否定文（will not〔won't〕＋be）

□ I will be a doctor. ―― 私は医者になります。

▶▶ I will not (won't) be a doctor. ―― 私は医者にはなりません。

3-2 疑問文

▼ 疑問文の作り方

Be動詞の疑問文は、主語と動詞の語順を入れ替えて作ります。

■ 現在形の疑問文

□ You are a consultant. —— あなたはコンサルタントです。

▶▶ Are you a consultant? —— あなたはコンサルタントですか？

■ 過去形の疑問文

□ You were a student. —— あなたは学生でした。

▶▶ Were you a student? —— あなたは学生でしたか？

■ 未来形の疑問文

□ You will go out today. —— あなたは今日外出します。

▶▶ Will you go out today? —— あなたは今日外出しますか？

Lesson 4

一般動詞：現在形・過去形・未来形

動詞には、一般動詞とBe動詞がありますが、一般動詞とは、「Be動詞以外の全ての動詞」のことです。Lesson1～3ではBe動詞についてトレーニングしてきました。ここからは、一般動詞を使えるように練習していきましょう。

過去形

過去に起こった話をするときは、動詞を「過去形」に変えます。原則的には、動詞に「-ed」を付けて過去形にしますが（＝規則変化）、そのルールに従わない変化をする（＝不規則変化）動詞もあります。声に出して暗記してしまいましょう。

未来形

未来の話をするときは、Be動詞の未来形と同様に、「will」か「be going to」を動詞の前につけます。

4-1 現在形

▼ 現在形の基本

一般動詞の現在形は、主語によって変化します。次の表を見て、一般動詞の活用を練習してみましょう。

	I	You	He	She	It	We	They
Be	am	are	is	is	is	are	are
Go	go	go	goes	goes	goes	go	go
Make	make	make	makes	makes	makes	make	make

▼ 現在形の注意点

自分と相手以外の、単数の人や物（三人称単数：He / She / It / Bob など）に対して一般動詞を使うときは、必ず語尾に「-s / -es」を付けます。これを三人称・単数・現在形の頭文字をとって「三単現の『s』」と呼びます。

□ I go to Sparta English. ―― 私はスパルタ英会話に通っています。

▶▶ He goes to Sparta English.
―― 彼はスパルタ英会話に通っています。

□ I make a meal. ―― 私は食事を作ります。

▶▶ She makes a meal. ―― 彼女は食事を作ります。

▼ 日常会話では

■ 一般動詞の特徴：習慣を説明

□ I get up at 8. ―― 私は8時に起きます。

□ I study English. ―― 私は英語を勉強しています。

□ She goes to highschool. ―― 彼女は高校に通っています。

Column ①

語尾は「-es」？　それとも「-s」？

語尾の変化といえば、名詞を複数形にするときも語尾が変化します。法則は以下の通りです。

「s」「ch」「sh」「x」「o」で終わる単語	▶	語尾に「-es」を付ける
□ rose ／バラ	▶	roses【ロウゼーズ】
□ dish ／皿	▶	dishes【ディッシーズ】
□ hero ／ヒーロー	▶	heroes【ヒーローズ】

「y」で終わる単語	▶	「y」を「i」に変えて「-es」を付ける
□ country ／国	▶	countries【カントリーズ】

「f」「fe」で終わる単語	▶	「f」「fe」を「v」に変えて「-es」を付ける
□ wolf ／狼	▶	wolves【ウォルヴス】

上記以外の単語	▶	語尾に「-s」を付ける
□ book ／本	▶	books【ブックス】
□ chair ／椅子	▶	chairs【チェアーズ】

例外

□ cloth【クロース】／洋服 ▶ clothes【クローズ】

※単数形は【クロース】複数形も【クローズ】と発音します

4-2 過去形

▼ 過去形の基本

過去を表す際は、動詞を過去形に変化させる必要があります。動詞によって、規則的に変化するものと不規則的に変化するものがあります。

Be 動詞の活用							
	I	You	He	She	It	We	They
過去	was	were	was	was	was	were	were

規則的に変化							
現在	work	live	stop	walk	show	use	study
過去	worked	lived	stopped	walked	showed	used	studied

不規則的に変化							
現在	give	take	drink	go	make	put	get
過去	gave	took	drank	went	made	put	got

▼ 過去を表す言葉

過去形の文には、過去を表す言葉を伴うことがほとんどです。次のような言葉を使って、過去の話がいつのことなのかを伝えることができます。

■ **yesterday**

□ I went to the new restaurant yesterday.

—— 昨日、私は新しいレストランに行きました。

■ **ago**

□ He came to Japan two years ago.

—— 彼は2年前に日本に来ました。

■ **last night**

□ She studied last night. —— 彼女は昨夜勉強しました。

▼ 日常会話では

■ **this morning**

□ I got up at 8 this morning. —— 私は今朝8時に起きました。

Column ②

「-ed」の発音は【ドゥ】と【トゥ】

過去形の語尾「-ed」の発音は

【ドゥ】の例

□ moved【ムーブドゥ】 □ returned【リターンドゥ】

□ stayed【ステイドゥ】 □ married【マリッドゥ】

【トゥ】の例

□ worked【ワークトゥ】 □ dropped【ドロップトゥ】

□ divorced【ディヴォーストゥ】 □ stopped【ストップトゥ】

4-3 未来形

▼ 未来形の基本

Be動詞の未来形と同様、未来について文章を作るには、「will＋原形動詞」もしくは、「be going to＋原形動詞」を使います。

■ will（自分で決めた意思）

□ I will have the chicken. ――（今から）私は鶏肉を食べます。

□ I will take it. ――（今から）それを買います。

※ willは不確定な未来を話すときにも使います。

□ Maybe I will go out, maybe I will stay home.
―― 外出するかもしれないし、家にいるかもしれない。

□ My daughter might be a singer when she grows up.
―― 私の娘が大人になったら、歌手になるかもしれない。

■ be going to（予定）

□ I am going to have lunch with her.
―― 彼女と昼食を食べるつもりです。

▼ 現在進行形

現在進行形は、「Be動詞＋『一般動詞＋ing』」で表現します。「いま現在、していること」を説明するときや、「近い未来の決まっている予定」を話すときに使います。

■ 進行中（いま現在、していること）

□ I'm studying English now. —— 私はいま、英語を勉強しています。

■ 近い未来（予約されている予定、確定している予定）

□ We are staying at the Hilton Hotel tomorrow.
—— 私たちは明日ヒルトンホテルに泊まります。

Check it out !

比較級・最上級

▼ 比較級

２つを比べて、どちらが「より～か」を表現したいときに使います。
比較級は形容詞の末尾に「-er」を付けて作ります。

■ A＋Be動詞＋比較級＋than＋B.

□ They are busier than me. —— 彼らは私より忙しい。

□ I am older than you. —— 私はあなたより年上だ。

■ 名詞＋Be動詞＋比較級＋A＋than＋B.

□ The price is higher for this product than that one.
—— この商品の値段の方があの商品の値段より高い。

■「more」を使う場合

形容詞には比較級にできないものもあります。その場合は形容詞の前に「more」を付けます。

□ You are more popular than I am.

―― あなたのほうが私より人気がある。

▼ 最上級

複数を比べて「Aは最も～」という表現をすることができます。最上級は通常、形容詞の前に「the」、形容詞の末尾に「-est」を付けて作ります。

■A＋Be動詞＋the＋最上級. / A＋Be動詞＋the＋最上級＋名詞.

□ He is the youngest in our office.

―― 彼は私たちのオフィスの中で一番若い。

■The＋最上級＋名詞＋Be動詞＋A.

□ The easiest class is English.

―― いちばん簡単な授業は英語です。

Lesson 5
一般動詞：否定文・疑問文

Lesson 3では、Be動詞の否定文と疑問文の作り方を学びました。ここでは、一般動詞の否定文・疑問文の作り方を学びます。

5-1 否定文

▼ 否定文の作り方

一般動詞の否定文は、現在形のときは「do not / does not＋原形動詞」、過去形のときは「did not＋原形動詞」で作ります。

■ 現在形（do not〔don't〕/ does not〔doesn't〕）

□ I eat breakfast. —— 私は朝食を食べます。

▶▶ I do not (don't) eat breakfast. —— 私は朝食を食べません。

□ They get up early. —— 彼らは早く起きます。

▶▶ They do not (don't) get up early. —— 彼らは早く起きません。

※主語が三人称単数のとき、否定文は「does not〔doesn't〕」となることに注意しましょう。

□ He plays soccer. —— 彼はサッカーをします。

▶▶ He does not (doesn't) play soccer.
—— 彼はサッカーをしません。

□ It takes two minutes. —— 2分かかります。

▶▶ It doesn't take two minutes. —— 2分かかりません。

■ 過去形（did not（didn't））

☐ I ate sushi last night. —— 私は昨晩、寿司を食べました。

▶▶ I did not (didn't) eat sushi last night.

—— 私は昨晩、寿司を食べませんでした。

☐ She got up at 10 o'clock. —— 彼女は10時に起きました。

▶▶ She did not (didn't) get up at 10 o'clock.

—— 彼女は10時に起きませんでした。

■ 未来形（will not（won't））

☐ Maybe I will go out today. —— 私はたぶん、今日出かけるでしょう。

▶▶ Maybe I will not (won't) go out today.

—— 私はたぶん、今日出かけないでしょう。

☐ He's going to come here. —— 彼はここに来るでしょう。

▶▶ He is not (isn't) going to come here.

—— 彼はここに来ないでしょう。

▼ 日常会話では

日常会話において、否定文は、「～ではない」「～しない」を伝えるときに使います。

☐ It doesn't take an hour to get there.

—— そこに行くのに1時間かかりません。

☐ I don't have an umbrella. —— 私は傘を持っていません。

5-2 疑問文

▼ 疑問文の作り方

疑問文は会話でよく使います。語順を入れ替えて作ることができます。一般動詞の疑問文は、次の語順です。

【現在形】Do / Does＋主語＋原形動詞

【過去形】Did＋主語＋原形動詞

【未来形】Will＋主語＋原形動詞／Be動詞＋主語＋going to＋原形動詞

■ 現在形（Do / Does）

□ We eat breakfast. —— 私たちは朝食を食べます。

▶▶ Do we eat breakfast? —— 私たちは朝食を食べますか？

□ You get up early. —— あなたは早く起きます。

▶▶ Do you get up early? —— あなたは早く起きますか？

※主語が三人称単数のとき、疑問文は「Does」となることに注意しましょう。

□ He plays soccer. —— 彼はサッカーをします。

▶▶ Does he play soccer? —— 彼はサッカーをしますか？

□ It takes two minutes. —— 2分かかります。

▶▶ Does it take two minutes? —— 2分かかりますか？

■ 過去形（Did）

□ I ate sushi two years ago. —— 私は2年前、寿司を食べました。

▶▶ Did I eat sushi two years ago?

—— 私は2年前、寿司を食べましたか？

□ She got up at 10 o'clock. —— 彼女は10時に起きました。

▶▶ Did she get up at 10 o'clock? —— 彼女は10時に起きましたか？

■ 未来形（Will）

□ You will go out today. —— 今日、あなたは出かけるでしょう。

▶▶ Will you go out today? —— 今日、あなたは出かけますか？

□ He is going to come here. —— 彼はここに来るでしょう。

▶▶ Is he going to come here? —— 彼はここに来るでしょうか？

▼ 日常会話では

疑問文に対しては「Yes」と「No」で答えることができます。「Yes」の後に、簡単な説明を入れると、より自然な会話になります。

□ A：Does it cost a lot? —— それは高くつきますか？
B：No, it doesn't. —— いいえ、そんなことはありません。

□ A：Does he speak English? —— 彼は英語を話しますか？
B：Yes, he speaks it well. —— はい、彼は上手に話します。

□ A：Did you enjoy the concert? —— コンサートを楽しみましたか？
B：Yes, I enjoyed it very much. —— はい、とても楽しみました。

Lesson 6

助動詞：基本助動詞・否定文・疑問文

助動詞を学ぶことで、表現のバリエーションが画期的に豊かになり、様々なことを言えるようになります。日常会話でよく使われる基本の助動詞を学び、さらには否定文と疑問文の作り方を学びます。

6-1 基本の助動詞

▼ 助動詞の基礎

日常会話でよく使われる助動詞には、「Can」「May」「Have to / Must」「Should」「Will」があります。助動詞は、動詞の前に付けて使います。「主語＋助動詞＋原形動詞」の語順で文章を組み立てます。

■ Can（～できる・～してもよい）

□ I can speak English. ―― 私は英語を話せます。

□ She can play the guitar. ―― 彼女はギターを弾けます。

■ May（～してもよい）

□ He may use this pen. ―― 彼はこのペンを使ってもよい。

□ They may study here. ―― 彼らはここで勉強してもよい。

■ Have to / Must（～しなければならない）

□ I have to go now. ―― 私は今行かなければならない。

□ You must show your ID. ―― あなたはIDを見せなければならない。

■ **Should（～するべきだ）**

□ I should go out today. —— 私は今日外出するべきだ。

□ You should study hard. —— あなたは一生懸命勉強するべきだ。

■ **Will（～するでしょう　※不確定な未来）**
/ Will you ?（してくれませんか？　※依頼）

□ I will probably come here. —— 私はたぶんここに来るでしょう。

□ Will you help me ? —— 手伝ってくれませんか？

6-2 否定文と疑問文

▼ 否定文の作り方

否定文は、「助動詞＋not」で作ることができます。

⇒　主語＋助動詞＋not＋動詞～ .

□ I can not〔can't〕understand what you say.
—— 私はあなたの言っていることが理解できない。

□ You may not like it.
—— あなたはそれが好きでないかもしれない。

□ She must not go there.
—— 彼女はそこへ行ってはいけない。

□ You should not (shouldn't) forget your schedule.
—— あなたは自分のスケジュールを忘れるべきではない。

□ He will not go with us.
—— 彼は私たちと行かないでしょう。

▼ 疑問文の作り方

助動詞は質問になるとニュアンスが変わります。疑問文を作るときには、助動詞と主語を入れ替えます。

⇒　助動詞＋主語＋動詞〜？

■ Can I / May I（〜してもいいですか？）

■ Can you（〜してもらっていいですか？）

■ Should I（〜したほうがいいですか？）

Check it out !

to不定詞

「to＋原形動詞」で作る表現を不定詞といいます。不定詞には、３つの用法があります。

■副詞的用法（〜するために）

文章に理由を付け足すことができます。

□ I went to Kyoto to visit temples.

—— 私は、お寺を訪れるために京都に行った。

■名詞的用法（〜すること）

動詞を名詞の形に変えるために使われます。

□ To play soccer is fun.　—— サッカーをすることは楽しい。

■形容詞的用法（〜するための）

名詞を補足説明するために使われます。

□ I have money to buy a car.

—— 私は車を買うためのお金を持っている。

Lesson 7
疑問詞

疑問文を作るときに文頭に置く「What」「When」「Where」「Who」「Why」「How」などの言葉を疑問詞と言います。それぞれの頭文字を取って、「5W1H」と言うこともあります。疑問文の作り方は主に3パターンあります。整理して、とっさに使えるように何度も練習をしましょう。

7-1 疑問詞＋Be動詞

▼ 疑問詞＋Be動詞の基本

動きを伴わないBe動詞を疑問詞とセットで使うと「〜ですか」「〜いますか」「〜ありますか」という文章になります。

⇒　疑問詞＋Be動詞＋主語〜？

例）What is this? —— これは何ですか？

■ What＋Be動詞

□ What is Hanami? —— 花見とは何ですか？

□ What is her name? —— 彼女の名前は何ですか？

□ What are those animals? —— あれらの動物は何ですか？

■ What＋名詞＋Be動詞

※Whatの直後に名詞を置きます。

□ What time is it? —— 何時ですか？

□ What color is this? —— これは何色ですか？

□ What activity was interesting?

—— 何のアクティビティが面白かったですか？

■ When + Be動詞

☐ When is your birthday? —— あなたの誕生日はいつですか？

☐ When is the meeting? —— 会議はいつですか？

☐ When is your summer vacation?

—— あなたの夏休みはいつですか？

■ Where + Be動詞

☐ Where is your restaurant?

—— あなたのレストランはどこにありますか？

☐ Where is Las Vegas? —— ラスベガスはどこにありますか？

☐ Where are your cats? —— あなたの猫たちはどこにいますか？

■ Who + Be動詞

☐ Who are you? —— あなたは誰？

☐ Who am I? —— 私は誰？

☐ Who is our new teacher? —— 私たちの新しい先生は誰ですか？

■ Why + Be動詞

☐ Why are you happy? —— なぜあなたは幸せなのですか？

☐ Why was he late? —— なぜ彼は遅れたのですか？

☐ Why is this cake so delicous?

—— どうしてこのケーキはとても美味しいの？

■ How + Be動詞

☐ How are you? —— あなたはお元気ですか？

☐ How is your sister? —— あなたのお姉さんは元気ですか？

☐ How was the weather yesterday? —— 昨日の天気はどうでしたか？

■ **How＋形容詞**

☐ How old are you? —— あなたは何歳ですか？

☐ How much is this? —— これはいくらですか？

☐ How deep is the lake? —— この湖はどのくらい深いのですか？

7-2 疑問詞＋一般動詞

▼ 疑問詞＋一般動詞の基本

Be動詞と違って、一般動詞には動きがあるので、「～しますか？」という意味になります。

⇒　**疑問詞＋助動詞＋主語＋一般動詞～？**

※あるいは、普通の疑問文の文頭に疑問詞を置いて作る場合もあります。

例）Do you play tennis? → When do you play tennis?

■ **What＋助動詞＋主語＋一般動詞**

☐ What do you want? —— あなたは何が欲しいの？

☐ What did he buy? —— 彼は何を買ったの？

☐ What will Mary cook tonight? —— メアリーは夜ご飯に何を作るの？

■ **What＋名詞＋助動詞＋主語＋一般動詞**

☐ What sport do you play? —— あなたはどんなスポーツをしますか？

☐ What color do you like? ―― あなたは何色が好きですか？

☐ What animal did Ken have? ―― ケンはどんな動物を飼っていたの？

■ **When＋助動詞＋主語＋一般動詞**

☐ When do you sleep? ―― あなたはいつ寝ますか？

☐ When will he finish homework?

―― 彼はいつ宿題は終えられそうですか？

☐ When did you go to Osaka?

―― あなたは大阪にいつ行ったのですか？

■ **Where＋助動詞＋主語＋一般動詞**

☐ Where do you study English?

―― あなたはどこで英語を勉強しますか？

☐ Where did she go yesteday?

―― 彼女は昨日どこに行きましたか？

☐ Where will they play baseball? ―― 彼らはどこで野球をしますか？

7-3 How（どう〜）

▼「How」の使い方

「How」は「どう」を表します。疑問文の前に「How」をつけることで、「どうですか？」「どうやってするか？」と、様子や手段を尋ねることができます。「How＋形容詞」で「どのくらいの〜（形容詞）」を表すことができます。

■ How＋疑問文（どうですか？・どうやってするか？）

□ How was the lesson today? —— 今日、レッスンはどうでしたか？

□ How does he get up early?

—— 彼はどうやって早起きしているのですか？

■ How＋形容詞〔long / much / manyなど〕＋疑問文（どのくらいの〜？）

※日常会話でよく使われるのは、「How long（どのくらい長く）」「How much（いくら）」「How many＋名詞（いくつ）」です。

□ How long did you study English yesterday?

—— 昨日はどのくらい長く、英語を勉強しましたか？

□ How long did you live in the U.S.?

—— アメリカにどのくらい住んでいましたか？

□ How much is your budget? —— あなたの予算はいくらですか？

□ How much did you pay for it?

—— あなたはそれにいくら払いましたか？

□ How many times do you brush your teeth in a day?

—— あなたは1日に何回、歯を磨きますか？

□ How many drinks did you have? —— あなたは何杯飲みましたか？

▼ Challenge!! 現在完了形の疑問文

現在完了形の疑問文に挑戦してみましょう。現在完了形は「過去から現在まで」の「経験」「完了」「継続」を表します。難しく捉えず、音で覚えてしまいましょう。

■ How long ～（どのくらい長く～しているか？）

□ How long have you lived in Tokyo?

—— どのくらい長く東京に住んでいますか？

□ How long have you worked at your company?

—— どのくらい長く（今の）会社で働いていますか？

■ How many times ～（何回～したことがあるか？）

□ How many times have you been here?

—— 何回ここに来たことがありますか？

□ How many times have you played golf?

—— 何回ゴルフをしたことがありますか？

7-4 Why（なぜ～）

▼「Why」の使い方

Whyは「なぜ」を表します。疑問文の前に「Why」をつけることで、「どうして～ですか？」「なぜ～ですか？」を尋ねることができます。

■ Why＋Be動詞の疑問文（どうして～ですか？・なぜ～ですか？）

□ Why are you so angry? —— どうしてそんなに怒っているんですか？

□ Why is Mt. Fuji so beautiful?

—— なぜ富士山はそんなに美しいんですか？

■ Why＋一般動詞の疑問文（どうして～ですか？・なぜ～ですか？）

□ Why do you study English? —— なぜ英語を勉強するのですか？

☐ Why does she ignore me?

—— なぜ彼女は私を無視するのですか？

☐ Why do they go to L.A.?

—— どうして彼らはロサンゼルスに行くのですか？

☐ Why did you give her a present?

—— なぜ彼女にプレゼントをあげたのですか？

☐ Why can he speak French so well?

—— 彼はどうしてあんなに上手にフランス語を話せるのですか？

☐ Why will you go to the party?

—— なぜそのパーティーに行くのですか？

Grammar Review Sentence
: 文法復習のセンテンス

150 のセンテンスを紹介します。文法習得のコツはセンテンス中の単語の置き換えや、時制変化の練習をできるだけたくさんこなすことです。センテンス集でも、現在・過去・未来の変換などが練習できるようになっています。ぜひいろいろな置き換えに挑戦して、表現のバリエーションを増やしてください。

Sentence 1-150

Check ▼

		Check
1	私は幸せだ。【Be 動詞：現在形】 I am happy.	□□□
2	私は幸せだった。【Be 動詞：過去形】 I was happy.	□□□
3	私は幸せになるだろう。【Be 動詞：未来形】 I will / am going to be happy.	□□□
4	私は幸せではない。【Be 動詞：現在形否定文】 I am not happy.	□□□
5	私は幸せではなかった。【Be 動詞：過去形否定文】 I was not (wasn't) happy.	□□□
6	私は幸せにならないだろう。【Be 動詞：未来形否定文】 I will not (won't) / am not going to be happy.	□□□
7	私は幸せか？【Be 動詞：現在形疑問文】 Am I happy?	□□□
8	私は幸せだったか？【Be 動詞：過去形疑問文】 Was I happy?	□□□
9	私は幸せになるだろうか？【Be 動詞：未来形疑問文】 Will I / Am I going to be happy?	□□□

10	あなたたちはクラスメイトです。【Be 動詞：現在形】 You are classmates.	□□□
11	あなたたちはクラスメイトでした。【Be 動詞：過去形】 You were classmates.	□□□
12	あなたたちはクラスメイトになるでしょう。【Be 動詞：未来形】 You will / are going to be classmates.	□□□
13	あなたたちはクラスメイトではありません。【Be 動詞：現在形否定文】 You are not (aren't) classmates.	□□□
14	あなたたちはクラスメイトではありませんでした。【Be 動詞：過去形否定文】 You were not (weren't) classmates.	□□□
15	あなたたちはクラスメイトにならないでしょう。【Be 動詞：未来形否定文】 You will not (won't) / are not going to be classmates.	□□□
16	あなたたちはクラスメイトですか？【Be 動詞：現在形疑問文】 Are you classmates?	□□□
17	あなたたちはクラスメイトでしたか？【Be 動詞：過去形疑問文】 Were you classmates?	□□□
18	あなたたちはクラスメイトになるでしょうか？【Be 動詞：未来形疑問文】 Will you / Are you going to be classmates?	□□□
19	彼は社長です。【Be 動詞：現在形】 He is a president.	□□□

20 彼は社長でした。【Be 動詞：過去形】

He was a president.

21 彼は社長になります。【Be 動詞：未来形】

He will be a president.

22 彼は社長ではありません。【Be 動詞：現在形否定文】

He is not a president.

23 彼は社長ではありませんでした。【Be 動詞：過去形否定文】

He was not a president.

24 彼は社長になるつもりはありませんでした。【Be 動詞：未来形否定文】

He will not (won't) / is not going to be a president.

25 彼は社長ですか？【Be 動詞：現在形疑問文】

Is he a president?

26 彼は社長でしたか？【Be 動詞：過去形疑問文】

Was he a president?

27 彼は社長になるつもりですか？【Be 動詞：未来形疑問文】

Will he / Is he going to be a president?

28 私は教師です。【Be 動詞】

I am a teacher.

29 あなたは看護師です。【Be 動詞】

You are a nurse.

30 彼女［彼］はコンサルタントです。【Be 動詞】
She [He] is a consultant.

31 私たちは友達です。【Be 動詞】
We are friends.

32 あなたたちは同僚です。【Be 動詞】
You are colleagues.

33 彼らは取引先の方々です。【Be 動詞】
They are clients.

34 これ［あれ／それ］は本です。【Be 動詞】
This [That / It] is a book.

35 これら［あれら／それら］は猫です。【Be 動詞】
These [Those / They] are cats.

36 パソコンがあります。【Be 動詞】
There is a computer.

37 3 人の男がいます。【Be 動詞】
There are three men.

38 私は忙しいです。【Be 動詞】
I am busy.

39 あなたは働き者です。【Be 動詞】
You are hardworking.

40	彼［彼女］は体調が悪いです。【Be 動詞】 He [She] is sick.	□□□
41	私たちは創造的です。【Be 動詞】 We are creative.	□□□
42	彼らは有名です。【Be 動詞】 They are famous.	□□□

関連単語

人柄を表す：□outgoing＝社交的　□cheerful＝明るい　□funny＝面白い
□boring＝つまらない　□気取っている＝snob　□severe＝厳しい　□cold＝冷たい
□kind＝優しい　□popular＝人気がある　□interesting＝興味深い　□stylish＝お洒落
□cool＝かっこいい（イケてる）

43	私は週に２回泳ぎます。【一般動詞：現在形】 I swim twice a week.	□□□
44	私は先週末に泳ぎました。【一般動詞：過去形】 I swam last weekend.	□□□
45	私は今週末に泳ぐ予定です。【一般動詞：未来形】 I am going to swim this weekend.	□□□
46	私は週に２回泳ぎません。【一般動詞：現在形否定文】 I do not (don't) swim twice a week.	□□□

47 私は先週末に泳ぎませんでした。【一般動詞：過去形否定文】
I did not (didn't) swim last weekend.

48 私は今週末に泳ぐ予定ではありません。【一般動詞：未来形否定文】
I will not (won't) / am not going to swim this weekend.

49 私は週に２回泳ぎますか？【一般動詞：現在形疑問文】
Do I swim twice a week?

50 私は先週末に泳ぎましたか？【一般過去：過去形疑問文】
Did I swim last weekend?

51 私は今週末に泳ぐ予定ですか？【一般動詞：未来形疑問文】
Will I / Am I going to swim this weekend?

52 あなたは10時に起きる。【一般動詞：現在形】
You get up at 10.

53 あなたは昨日10時に起きた。【一般動詞：過去形】
You got up at 10 yesterday.

54 あなたは明日10時に起きる予定だ。【一般動詞：未来形】
You will / are going to get up at 10 tomorrow.

55 あなたは10時に起きない。【一般動詞：現在形否定文】
You do not (don't) get up at 10.

56 あなたは昨日10時に起きなかった。【一般動詞：過去形否定文】
You did not (didn't) get up at 10 yesterday.

57 あなたは明日 10 時に起きる予定ではない。【一般動詞：未来形否定文】

You will not (won't) / are not going to get up at 10 tomorrow.

58 あなたは 10 時に起きますか？【一般動詞：現在形疑問文】

Do you get up at 10?

59 あなたは昨日 10 時に起きましたか？【一般動詞：過去形疑問文】

Did you get up at 10 yesterday?

60 あなたは明日 10 時に起きるつもりですか？【一般動詞：未来形疑問文】

Will you / Are you going to get up at 10 tomorrow?

61 彼女はオンラインで本を入手します。【一般動詞：現在形】

She gets books online.

62 彼女はオンラインで本を入手しました。【一般動詞：過去形】

She got books online.

63 彼女はオンラインで本を入手するつもりです。【一般動詞：未来形】

She will / is going to get books online.

64 彼女はオンラインで本を入手しません。【一般動詞：現在形否定文】

She does not (doesn't) get books online.

65 彼女はオンラインで本を入手しませんでした。【一般動詞：過去形否定文】

She did not (didn't) get books online.

66	彼女はオンラインで本を入手するつもりではありません。【一般動詞：未来形否定文】 She will not (won't) / is not (isn't) going to get books online.	□□□
67	彼女はオンラインで本を入手しますか？【一般動詞：現在形疑問文】 Does she get books online?	□□□
68	彼女はオンラインで本を入手しましたか？【一般過去：過去形疑問文】 Did she get books online?	□□□
69	彼女はオンラインで本を入手するつもりでしょうか？【一般動詞：未来形疑問文】 Will she / Is she going to get books online?	□□□
70	私は訪問者にオフィスを案内する。【一般動詞】 I show visitors the office.	□□□
71	あなたは一生懸命働く。【一般動詞】 You work hard.	□□□
72	あなたは私に好意を持っている。【一般動詞】 You fancy me.	□□□
73	彼女は英語で小説を読む。【一般動詞】 She reads novels in English.	□□□
74	彼女はヨーロッパへ旅行する。【一般動詞】 She travels to Europe.	□□□

75 彼はあなたをかわいいと思っている。【一般動詞】
He thinks you are pretty.

76 彼は私たちに毎週夕食を買う。【一般動詞】
He buys us dinner every week.

77 私たちは駅まで歩く。【一般動詞】
We walk to the station.

78 私たちは互いに知り合った。【一般動詞】
We get to know each other.

79 彼らはパーティーに行く。【一般動詞】
They go to the party.

80 彼らは映画を見る。【一般動詞】
They watch a movie.

関連単語

時を表す：□at noon＝正午　□at 7＝7時に　□at first＝最初に　□at last＝最後に
□at the weekend＝週末に　□at the same time＝同時に　□in April＝4月に
□in future＝未来に　□in the afternoon＝午後に　□in my life＝私の人生で
□on Friday＝金曜日に　□on 3rd May＝5月3日に

81 私はここで電話をかけてもいいですか？【Can疑問文】
Can I make a phone call here?

82	あなたはここで電話をかけることができます［できません］。【Can 肯定・否定文】 You can [can't] make a phone call here.	□□□
83	私たちはそのパーティーに行くことができますか？【Can 疑問文】 Can we go to the party?	□□□
84	私たちはそのパーティーに行くことができます［できません］。【Can 肯定・否定文】 We can [can't] go to the party.	□□□
85	彼らは 早く起きることができますか？【Can 疑問文】 Can they wake up early?	□□□
86	彼らは 早く起きることができます［できません］。【Can 肯定・否定文】 They can [can't] wake up early.	□□□
87	ナンシーは上手に踊ることができますか？【Can 疑問文】 Can Nancy dance well?	□□□
88	ナンシーは上手に踊ることができます［できません］。【Can 肯定・否定文】 Nancy can [can't] dance well.	□□□
89	私はグループレッスンに参加するべきですか？【Should 疑問文】 Should I join the group lesson?	□□□
90	あなたはグループレッスンに参加するべきです［参加するべきではありません］。【Should 肯定・否定文】 You should [should not] join the group lesson.	□□□

91 彼女は会議に出席するべきですか？【Should 疑問文】

Should she attend the meeting?

92 彼女は会議に出席するべきです［出席するべきではありません］。【Should 肯定・否定文】

She should [shouldn't] attend the meeting.

93 私たちはいまここにいるべきですか？【Should 疑問文】

Should we be here now?

94 私たちはいまここにいるべきです［いるべきではありません］。【Should 肯定・否定文】

We should [shouldn't] be here now.

95 私はこの作業を今日終わらせなければいけませんか？【Have to 疑問文】

Do I have to finish this task today?

96 あなたはこの作業を今日終わらせなければいけません［終わらせる必要はありません］。【Must / Have to 否定文】

You must [don't have to] finish this task today.

97 あなたはいま家に帰らないといけませんか？【Have to 疑問文】

Do you have to go home now?

98 私はいま家に帰らなければいけません［帰る必要はありません］。【Must / Have to 否定文】

I must [don't have to] go home now.

99 彼は会社に来なければいけませんか？【Have To 疑問文】

Does he have to come to the office?

100 彼は会社に来なければなりません［来る必要はありません］。【Must / Have to 否定文】

He must [doesn't have to] come to the office.

101 彼女はパソコンを買わなければいけませんか？【Have To 疑問文】

Does she have to buy a computer?

102 彼女はパソコンを買わなければいけません［買う必要はありません］。【Must / Have to 否定文】

She must [doesn't have to] buy a computer.

103 彼らは外にいなければいけませんか？【Have to 疑問文】

Do they have to stay outside?

104 彼らは外にいなければいけません［いる必要はありません］。【Must / Have to 否定文】

They must [don't have to] stay outside.

105 私はこの机を使ってもいいですか？【May 疑問文】

May I use this desk?

106 あなたはこの机を使ってもいいです［使ってはいけません］。【May 肯定・否定文】

You may [may not] use this desk.

107 彼は今日早く出てもいいですか？【May 疑問文】

May he leave early today?

108 彼は今日早く出てもいいです［出てはいけません］。【May 肯定・否定文】

He may [may not] leave early today.

109 彼女は外出してもいいですか？【May 疑問文】

May she go out?

110 彼女は外出してもいいです［外出してはいけません］。【May 肯定・否定文】

She may [may not] go out.

111 彼らはここで写真を撮ってもいいですか？【May 疑問文】

May they take pictures here?

112 彼らはここで写真を撮ってもいいです［撮ってはいけません］。【May 肯定・否定文】

They may [may not] take pictures here.

113 私たちはそのイベントに参加してもいいですか？【May 疑問文】

May we join the event?

114 私たちはそのイベントに参加してもいいです［参加してはいけません］。【May 肯定・否定文】

We may [may not] join the event.

115 あなたは昼食に何を食べますか［食べましたか／食べるつもりですか］？【What 疑問文】

What do [did / will] you eat for lunch?

116 私は昼食にパスタを食べます［食べました／食べるつもりです］。

I eat [ate / will eat] pasta for lunch.

117 彼は朝に［今朝に／今夜に］何を飲みますか［今朝何を飲みましたか／今夜何を飲むつもりですか］？【What 疑問文】

What does [did / will] he drink in the morning [this morning / tonight] ?

118 彼は朝に［今朝に／今夜に］コーヒーを飲みます［飲みました／飲むつもりです］。

He drinks [drank / will drink] coffee in the morning [this morning / tonight].

119 彼女は大学で何を勉強していますか［勉強しましたか／勉強するつもりですか］？【What 疑問文】

What does [did / will] she study at college?

120 彼女は大学で心理学を勉強しています［勉強しました／勉強するつもりです］。

She studies [studied / will study] psychology at college.

121 彼らは公園で何をしますか［しましたか／するつもりですか］？【What 疑問文】

What do [did / will] they do in the park?

122 彼らは公園でサッカーをします［しました／するつもりです］。

They play [played / will play] soccer in the park.

123 あなたは彼女の誕生日に何を買いますか［買いましたか／買うつもりですか］？【What 疑問文】

What do [did / will] you buy for her birthday?

124 私は彼女の誕生日にかばんを買います［買いました／買うつもりです］。

I buy [bought / will buy] a bag for her birthday.

125 彼らは高校で何を教えていますか［教えていましたか／教えるつもりですか］？【What 疑問文】

What do [did / will] they teach at highschool?

126 彼らは高校で歴史を教えています［教えました／教えるつもりです］。

They teach [taught / will teach] history at highschool.

127 あなたは夕食をどこで食べますか［食べましたか／食べるつもりですか］？【Where 疑問文】

Where do [did / will] you eat dinner?

128 私は家で夕食を食べます［食べました／食べるつもりです］。

I eat [ate / will eat]dinner at home.

129 彼はどこに住んでいますか［住んでいましたか／住むつもりですか］？【Where 疑問文】

Where does [did / will] he live?

130 彼は六本木に住んでいます［住んでいました／住むつもりです］。

He lives [lived / will live] in Roppongi.

131 彼女は週末どこに行きますか［行きましたか／行くつもりですか］？【Where 疑問文】

Where does [did / will] she go on weekends?

132 彼女は週末渋谷に行きます［行きました／行くつもりです］。

She goes [went / will go] to Shibuya on weekends.

133 彼らはどこで英語を勉強していますか［勉強しましたか／勉強するつもりですか］？【Where 疑問文】

Where do [did / will] they study English?

134 彼らはスパルタで英語を勉強しています［勉強しました／勉強するつもりです］。

They study [studied / will study] English at Sparta.

135 あなたは買い物にどこへ行きますか［行きましたか／行く予定ですか］？【Where 疑問文】

Where do [did / will] you go for shopping?

136 私は下北沢へ買い物に行きます［行きました／行く予定です］。

I go [went / will go] to Shimokitazawa for shopping.

137 彼は妹をどこに連れていきますか［連れていきましたか／連れていくつもりですか］？【Where 疑問文】

Where does [did / will] he take his sister to?

138 彼は妹を水族館に<u>連れて行きます</u>［連れていきました／連れていくつもりです］。

He <u>takes</u> [took / will take] his sister to the aquarium.

139 あなたはいつスノーボードをしに<u>行きますか</u>［行きましたか／行くつもりですか］？【When 疑問文】

When <u>do</u> [did / will] you go snowboarding?

140 私は１月にスノーボードをしに<u>行きます</u>［行きました／行くつもりです］。

I <u>go</u> [went / will go] snowboarding in January.

141 彼はいつ<u>運転をしますか</u>［運転しましたか／運転するつもりですか］？【When 疑問文】

When <u>does</u> [did / will] he drive?

142 彼は週末<u>運転をします</u>［運転しました／運転するつもりです］。

He <u>drives</u> [drove / will drive] on weekends.

143 彼女はいつピアノを<u>弾きますか</u>［弾きましたか／弾くつもりですか］？【When 疑問文】

When <u>does</u> [did / will] she play the piano?

144 彼女は夜にピアノを<u>弾きます</u>［弾きました／弾くつもりです］。

She <u>plays</u> [played / will play] the piano at night.

145 彼らはいつ英語を<u>勉強しますか</u>［勉強しましたか／勉強するつもりですか］？【When 疑問文】

When <u>do</u> [did / will] they study English?

146 彼らは朝に英語を勉強します［勉強しました／勉強するつもりです］。
They study [studied / will study] English in the morning.

147 あなたはいつ寝ますか［寝ましたか／寝るつもりですか］？【When 疑問文】
When do [did / will] you go to bed?

148 私は 11 時に寝ます［昨夜 11 時に寝ました／明日 11 時に寝るつもりです］。
I go [went / will go] to bed at 11 p.m. [11 p.m last night / 11 p.m. tomorrow].

149 あなたの家族はいつその遊園地に行きますか［行きましたか／行くつもりですか］？【When 疑問文】
When does [did / will] your family go to the amusement park?

150 私の家族は毎年その遊園地に行きます［行きました／行くつもりです］。
My family goes [went / will go] to the amusement park every year.

Afterward

ゲーム感覚で武器を手に入れていこう！

お疲れさまでした。最後までお読みくださり、ありがとうございました。

みなさんには、英会話力を高めるための「武器」を身につけていただきたくて、様々なシチュエーションでの英語センテンスを揃えてみました。ナンバリングしていないものもカウントすると1000を超えるセンテンスが登場しますが、「勉強する」という感覚を、「覚えて使う（武器を揃える）」という意識に切り替えると、うまくいきます。

使えそうなセンテンスから自分のノートに書き写して、練習してみてください。いくつかのセンテンスを組み合わせたり、単語を置き換えて自分に役立つオリジナルセンテンスをつくったりしてみてください。スパルタメソッドを参考にして、何度もくり返し声に出して覚えてください。そして、覚えるだけで終わらずに、実際に使ってみてください。

私はこのスパルタメソッドを中国語でも実践しました。当時勉強したことは、今でもよく覚えています。たとえば、「あなたは中国人ですか？私は日本人です」という簡単なセンテンス。私はそれを中華料理店に行くたびに使っていました。中国語スピーカーの店員さんたちは笑って対応してくれました。友好的な感情は言語の壁を越えて必ず伝わるものです。一生忘れられないセンテンスになりました。

この私の経験からは教訓が得られます。外国語での会話は極論すれば、拙くても構わないということです。英会話でも同じことです。カナダに短期留学したとき、私が最初にやったことは、アメリカンジョークの丸暗記でした。意外とうまくいきました。それから生活で必要なセンテンスを覚えていきました。「日本からのお土産です」とか「趣味はアイスホッケーです」とか。とても役に立ちました。「ネイティブのように」どころか、流暢である必要さえないのです。そう割り切ることができれば、英語で話す勇気がわいてきませんか。

世界の最前線で戦っているビジネスパーソンや、有名な経営者の多くも、その英会話力はネイティブレベルとはほど遠いものです。仮に海外に1年間、留学や駐在することになったとしても、そこで必要になるのは、流暢な会話力ではありません。それよりも、チャーミングな人間性や、身振り手振りを交えながらでもコミュニケーションを取ろうとする姿勢が問われます。非言語コミュニケーションは多くのことを補ってくれます。「おっ、面白いフレーズ使ってきたな。がんばって覚えたな？」と、思われるだけでも、相手の態度は変わります。フレンドリーに接してくれるようになりますし、コミュニケーションはずっと円滑になります。

いろいろな状況を想像·妄想し、そこで英語で話す自分を鮮明に思い浮かべながら練習してください。「実際に起きていること」と「想像していること」、それぞれに対して起きる脳のリアクションはほとんど変わらないのだそうです。だから一流のアスリートやビジネスパーソンはイメージトレーニングを大切にするのです。英会話で自分の目的を果たしている姿を想像しながら練習するだけで、モチベーションが上がります。そうして前向きなイメージトレーニングを重ねていれば、実際そのシチュエーションが訪れたとき、スムーズに英語が出てくるようになります。ぜひ、取り入れてみてください。応援しています。

スパルタ英会話創業者
We & 代表取締役　小茂鳥雅史

著　者

小茂鳥 雅史（こもとり・まさふみ）

株式会社 We & 代表取締役／株式会社スパルタ英会話 創業者
慶應義塾大学大学院卒業後、モルガン・スタンレー MUFG 証券株式会社に入社。退職後、株式会社スパルタ英会話を創業。『マツコ会議』（日本テレビ系列）や『PRESIDENT』をはじめとした雑誌媒体など、メディア出演多数。2019 年、スパルタ英会話 CEO を受け渡したのち、「起業」をドメインとする株式会社 We & を設立。「《夢はかなう》の実現」という経営理念のもと、語学、IT、金融、人材等の 6 つの会社を束ねる。今後 100 社 100 サービスの起業・100 人の経営者の創出を目標としている。モットーは「日本で楽しく仕事が出来ない人を 0（ゼロ）にする、革命的な会社を創造する」。著書に『スパルタ英会話　挫折せずに結果を出せる最速学習メソッド』（CCC メディアハウス）。

スパルタ英会話

学習量と会話量を最大化する環境を整え、短期間での英会話習得を可能にする英会話教室。3 つの大きな特色は、①通い放題のグループレッスン、②ネイティブ講師、日本人コンサルタント、オンライン講師の 3 名によるマンツーマンサポート、③個人に合わせたカリキュラムを作成するオーダーメイドレッスン。そのメソッドは BEAMS をはじめ、多数の有名企業の英会話研修にも採用されている。東京で 3 校、大阪で 1 校、オンライン教室（2021 年 3 月現在）を展開する。

■ Instagram: @Sparta.english
■ Web: https://spartan-english.jp/

スパルタ英会話

言いたい順に身につける「武器センテンス」1000

2021年4月14日　初版発行

著　者　小茂鳥 雅史
発 行 者　小林圭太
発行所　株式会社 CCCメディアハウス
〒141-8205　東京都品川区上大崎3丁目1番1号
電話 販売 03-5436-5721　編集 03-5436-5735
http://books.cccmh.co.jp

ブックデザイン・イラスト…西村健志
印刷・製本……………………豊国印刷株式会社

ISBN978-4-484-21205-0